蒋传光 主编

我国预备犯处罚范围之限制

董璞玉 著

上海人民出版社

总　序

党的十一届三中全会以来,伴随着改革开放,我国社会主义现代化建设进入新时期,在党的领导下,我们走出了中国特色社会主义法治道路,坚持党的领导、人民当家作主、依法治国的有机统一,坚持依法治国和以德治国相结合,建设社会主义法治国家,形成中国特色社会主义法律体系等,取得了社会主义法治建设的一系列重大成就。

党的十八大以来,中国特色社会主义进入新时代,面对世界百年未有之大变局和国内改革发展稳定的艰巨任务,法治在治国理政中的功能和作用进一步凸显。基于这种认识,针对法治建设领域存在的问题,我们党坚持全面推进依法治国,我国社会主义法治建设方面取得历史性成就、发生历史性变革,"社会主义法治国家建设深入推进,全面依法治国总体格局基本形成,中国特色社会主义法治体系加快建设,司法体制改革取得重大进展,社会公平正义保障更为坚实,法治中国建设开创新局面"。①这些成就的取得,离不开成熟法学理论的引领和支撑。

---

① 习近平:《高举中国特色社会主义伟大旗帜　为全面建设社会主义现代化国家而团结奋斗——在中国共产党第二十次全国代表大会上的报告(2022 年 10 月 16 日)》,人民出版社 2022 年版,第 9—10 页。

1

　　这些事实也表明，在法治建设理论和实践探索的过程中，无论是中国特色社会主义法学理论体系的构建，还是全面依法治国实践的深化；无论是社会主义法治国家建设的顶层设计，还是操作层面的具体法治；无论是良法善治理念的确立，还是以宪法为核心的中国特色社会主义法律体系的完善，这些目标的实现，是与深入系统的法学理论研究分不开的。"上海师大法学文库"的出版，就寄希望于能够为我国法治建设的理论和实践添砖加瓦，为我国法学研究的繁荣贡献绵薄力量。

　　上海师范大学法学学科经过建设和发展，在法学理论、法律史学、宪法与行政法学、民商法学、国际法学、诉讼法学等领域形成了自己的研究特色，产出了一批有一定影响力的学术成果。希望"上海师大法学文库"的出版，对进一步推动法学学科建设，促进学术研究和交流，提升学科内涵和扩大学术影响，培养学术新人等，能够起到促进作用。

蒋传光

目　　录

1

绪　　论

一、研究背景介绍

（一）预备犯的发展脉络

从刑法学的发展历史来看，在相当长的一段时间里犯罪的未完成形态是不被关注的，因为传统法律规范秉承结果责任主义，没有危害结果的发生就不存在刑罚处罚的必要，在这个阶段犯罪未遂行为尚不属于刑事处罚的范畴，犯罪预备行为更不会受到刑罚处罚，因此所有的犯罪预备行为都不予处罚。但随着社会的不断发展，仅处罚造成危害结果的行为已经不能满足社会的需要，于是出现了"未完成犯罪"的概念，这一概念首次被提出是在1532年《加洛林纳法典》中，随后1764年贝卡利亚的《犯罪与刑罚》中进一步提出了犯罪未遂的理论，而真正确认犯罪未完成形态具有可罚性的法典是1810年的《法国刑法典》。《法国刑法典》第2条规定：凡已表现于外部着手实施犯罪的行为，仅因偶然或犯人本意之外的原因而未发生结果，为犯罪未遂；对于未遂之重罪，以重罪论处，对于未遂之轻罪，除法律有明文特别规定者外，不以犯罪

1

论处。虽然这一规定打破了传统刑法唯结果论的思想,将刑事处罚范围扩张到未遂犯,但依旧将预备行为排除在刑事处罚之外,这一规定明确表示只处罚着手以后的行为。法国这种立法模式受到很多国家的认同和追随,例如德国、墨西哥、哥伦比亚等国家都先后模仿这种立法,这种立法模式背后是客观主义刑罚观的体现,即倡导"法律不惩罚意图",强调评价一个人是否构成犯罪的依据是危害社会的客观行为而不是思想。然而,从当前世界各国的立法现状来看,预备犯不予处罚的原则并没有被坚守,反而是各国都在以不同形式扩张预备行为的处罚范围,具体的表现是:其一,把未遂犯刻意规定得比较模糊,将预备行为以未遂的方式处罚,例如意大利1930年刑法第56条的规定:"显然以犯罪的意图而为适当的行为,如行为未完成或结果未发生,负未遂责任。"这里"适当的行为"没有明确的规定,把犯罪预备行为纳入处罚范围中完全说得通。其二,在刑法分则中例外的规定预备犯的处罚,日本和德国采用这种立法方式。其三,英美刑法的普遍套路,形式上标榜不处罚预备犯,但是却处罚共犯的预谋这类的预备行为,即在形式上没有直接的规定,但在事实上却将预备犯纳入刑事处罚范围中。①

毋庸置疑,将预备行为排除在刑事处罚之外在特定的历史时期具有进步性,刑罚本身也是一种"恶",限制刑法处罚范围能够有效地保障公民的自由和人权,但预备行为原则上不处罚原则并非具有普适价值,在特定国家的特定历史时期,出于社会防卫的目的需要将刑事处罚的范围进行扩张,为了预防犯罪的发生处罚所有犯罪预备行为,即预备犯普遍处罚,这种处罚原则体现的是主观主

---

① 邢志人:《犯罪预备研究》,中国检察出版社2001年版,第15—21页。

义的刑法观,提倡以行为人主观危险作为刑罚处罚的依据,依照这种观点既遂和未遂之间并没有区别,实施犯罪预备的行为人也具有主观恶性应当处罚,预备犯不处罚的原则因主观主义思想的发展受到冲击。预备行为普遍处罚的实现方式通常是在刑法总则中作出原则性规定,而分则没有预备犯的具体规定。例如1960年《苏俄刑法典》第15条第3款规定"对于预备犯罪和犯罪未遂的行为,应该按照本法典分则规定这种犯罪责任的条款处罚",这种刑事立法对东欧、朝鲜、我国等社会主义国家影响颇深,这些国家效仿苏联的刑事立法包括对预备行为的刑事立法规定,所以这些国家的刑事立法规定预备犯普遍处罚。[①]预备犯普遍处罚原则的设立是为了满足特定历史时期社会的需要,从现代法治国家的角度,这一原则存在明显的弊端,有不当扩大刑事处罚范围的嫌疑,且在司法实践中无法落实,许多国家都已经摒弃这一原则,例如普遍处罚的起源,苏联刑法典中预备犯普遍处罚原则的规定已经失效,现在俄罗斯刑法典中规定的是预备犯重罪处罚原则。

　　基于不同的社会环境和刑法理念,不同国家针对预备犯的处罚问题表现出的不同的态度,有的国家刑事立法规定体现出预备犯不处罚的原则,而有的国家刑事立法却采纳预备犯普遍处罚的原则。但随着社会工业化进程不断推进,网络技术水平不断提高,风险社会已经来临,出于风险防控的需要,近些年来在风险社会的语境之下,各国的刑事处罚范围都在扩张,刑罚处罚前置化已经成为国际化的立法趋势,各国在不同程度上加大预备行为的处罚力度,预备犯不处罚原则面临更大的危机,预备行为的处罚范围又在拓宽。

[①]　胡陆生:《犯罪预备立法及概念之比较》,载《安徽警官职业学院学报》2003年第1期。

（二）各国犯罪预备行为的刑事立法现状

1. 我国预备行为的立法

从形式上我国采取总则＋分则规定的方式。我国借鉴了苏联刑法中关于预备行为的处罚规定，《刑法》总则第 22 条规定："为了犯罪，准备工具、制造条件的是犯罪预备。对于预备犯，可以比照既遂犯从轻、减轻处罚或者免除处罚。"自 1979 年刑法以来刑法总则中预备行为的立法规定没有发生变化，但是刑法分则中处罚预备行为的立法规定却有一定的变化。在风险社会背景之下为了充分发挥刑法的社会防卫机能，刑罚处罚前置化立法已经是各国刑事立法完善的通行方案，我国的刑事立法也顺应时代发展之需将刑罚处罚前置化，赋予犯罪预备行为独立的构成要件和罪名。《刑法修正案(三)》中增加了"资助恐怖活动罪"；《刑法修正案(五)》中新增了窃取、收买、非法提供信用卡信息罪；《刑法修正案(七)》中新增了"出售、非法提供公民个人信息罪""非法获取公民个人信息罪""非法获取计算机信息系统数据、非法控制计算机信息系统罪""提供侵入、非法控制计算机信息系统程序、工具罪"；《刑法修正案(八)》中新增了"虚开发票罪"；《刑法修正案(九)》新增了"准备实施恐怖活动罪""侵犯公民个人信息罪""非法利用信息网络罪"。这些新增罪名表示预备行为单独定罪处罚的刑事立法规定呈现出扩张的态势。

2. 德国刑法中预备行为的立法

德国刑法典的总则中未对预备犯单独进行规定，对于预备行为原则上是不处罚的，但是有三种特殊情况：其一，对于不处罚预备行为就不能达到刑罚的目的的情况，例如《德国刑法典》第 83 条叛国行为、第 96 条第 1 款刺探国家机密的行为以及劫持飞机的预备行为。其二，具有典型特征和高度危险性的犯罪预备，例如 256 条诈骗保险金、第 149 条伪造货币以及第 80 条预备侵略战争、第

129 条建立犯罪组织和第 129a 条建立恐怖组织。其三,刑法第 30 条规定因共犯心理上的内在联系,共犯预备行为特别危险的情况要受到刑罚处罚。①德国对网络犯罪预备行为的处罚也在通过刑事立法扩张,2007 年德国刑法第 41 修正案新增了第 202c 条处罚探知数据和截取数据的预备,即德国刑法分则中对网络非法获取信息和截取信息的预备行为单独规定刑罚处罚,此罪的设立是为了打击出售"黑客工具"的行为。②这一规定是为了与欧洲理事会《2001 年网络犯罪公约》的内容接轨而设立的。

3. 日本刑法中预备犯的立法

日本刑法典总则中也没有预备犯的规定,也是在分则具体规定,例如伪造货币准备罪(第 153 条)、杀人预备罪(第 201 条)。③同时日本的特别刑法中也有处罚预备行为的规定,1999 年《与非法侵入行为的禁止等有关的法律》第 8 条规定,对破坏计算机安全系统以非法控制或不正侵入计算机的行为进行处罚,该行为实际上是非法获取计算机存储数据或计算机运行利益的预备行为。④日本也是欧洲理事会网络犯罪公约的缔约国,所以也接受对非法数据拦截、干扰等犯罪的预备行为进行刑事处罚的公约规定。

4. 美国预备犯的立法

美国刑法对预备犯没有直接的规定,但是对为犯罪作准备的行为规定了刑法处罚,例如将为犯罪共同预谋的行为作为犯罪处

---

① [德]汉斯·海因里希·耶塞克、托马斯·魏根特:《德国刑法教科书》,徐久生译,中国法制出版社 2017 年版,第 737 页。

② 申柳华:《德国刑法计算机犯罪修正案研究》,载《北航法律评论》2013 年第 1 期。

③ [日]松原芳博:《刑法总论重要问题》,王昭武译,中国政法大学出版社 2014 年版,第 237 页。

④ 李晓龙:《刑法保护前置化研究:现象观察与教义分析》,厦门大学出版社 2018 年版,第 32 页。

罚,《模范刑法典》评论中指出:"犯罪共谋实际是处于着手实行犯罪以前的初期行为。"①再如通过具体罪名的立法将预备行为纳入未遂犯中处罚。②美国刑法中也有对网络犯罪预备行为的规定,也是通过刑法修正案的方式实现的,1986年《计算机欺诈与滥用法》这一修正案增加了"禁止意图诈骗而未经授权访问计算机网络"的新规定,这也是处罚预备行为。

5. 意大利预备犯的立法

根据意大利刑法典原则上预备犯不处罚,有部分为犯罪作准备的行为可能会被认定为未遂。《意大利刑法典》第56条规定:"任何人如果做出相称并明确指向犯罪的行为,应根据犯罪未遂的规范予以处罚。"根据这一规定部分为犯罪作准备的预备行为可以论以未遂犯,但单纯的预备行为(例如为了后续杀人而合法购买武器)不属于犯罪未遂,此类行为应被视为不明确。③

6. 韩国刑法中预备犯的立法

韩国刑法中规定犯罪的预谋或预备行为还没有达到开始着手实行的阶段时,除法律有特别规定外,对此不予处罚(第28条),原则上不处罚预备犯,但是考虑到预备行为所侵害的法益价值及行为或行为人的危险性而需要事先行使刑罚权时,可依照刑事政策处罚预备行为。据此韩国刑法规定了内乱罪、间谍罪、利敌罪、爆炸物使用罪、放火罪、溢水罪、妨碍交通罪、伪造货币罪以及杀人抢劫等重大犯罪的预备行为作为犯罪。④

---

① 储槐植、江溯:《美国刑法》,北京大学出版社2012年版,第109页。
② 储槐植、江溯:《美国刑法》,北京大学出版社2012年版,第101页。
③ [意]弗朗西斯科·维加诺:《意大利反恐斗争与预备行为犯罪化——一个批判性反思》,吴沈括译,载《法学评论》2015年第5期。
④ [韩]李在祥:《韩国刑法总论》,韩相敦译,中国人民大学出版社2005年版,第357页。

7. 俄罗斯预备犯的立法

俄罗斯和东欧国家对预备犯的刑事立法规定得相对比较详细、明确,俄罗斯现行刑法典中预备犯已经不再遵循普遍处罚原则。《俄罗斯联邦刑法典》第30条第1款规定了犯罪预备的概念,即为了实施犯罪而寻找、制造或加工犯罪工具,寻找共同犯罪人,进行犯罪勾结或者以其他方式故意为实施犯罪创造条件,如果在这种情况下由于犯罪人意志以外的情况而未将犯罪进行到底的,是犯罪预备。第29条第3款规定:犯罪预备的刑事责任,根据刑法典分则规定既遂犯罪刑事责任的条款并援引刑法第30条的规定确定。第30条第2款规定:"只对预备严重犯罪和特别严重犯罪追究刑事责任,对预备轻罪和中等严重犯罪的情况不追究刑事责任。"①

另外,欧洲理事会颁布的《2001年网络犯罪公约》中对于非法干扰、截取数据等网络犯罪的预备行为也规定了处罚。

综上所述,从各国预备犯的刑事立法来看,以德日为代表的大陆法系国家和以美国代表的英美法系国家在总则部分都没有处罚预备犯的规定,根据罪刑法定原则,这些国家对于预备犯原则上不予处罚,但可以依照刑法分则中的规定对犯罪预备行为进行处罚。韩国和俄罗斯在刑法总则中有预备犯的规定,而且是限制性的处罚预备犯的规定,只有严重犯罪的预备行为或是依照刑事政策需要处罚时候才追究预备犯的刑事责任,同时在刑法分则中也有处罚预备行为的单独规定与之相对应。根据我国大陆地区刑法的规定,学者们认为我国刑法总则中有原则上处罚预备犯的规定,且在刑法分则中有单独处罚预备犯的规定。

---

① 〔俄〕伊诺加莫娃·海格主编:《俄罗斯联邦刑法》,黄芳、刘阳、冯坤译,中国人民大学出版社2010年版,第115页。

二、研究的理论价值

在中国知网中以"预备行为"为主题关键词搜索期刊,1980—1990 年共有 38 篇文章;1991—2000 年间共有 54 篇文章;2001—2010 年间共有 153 篇文章,2011—2019 年共有 294 篇,这组数字意味着刑法理论界对犯罪预备行为的刑事处罚问题越来越关注,综合整理文章内容发现,虽然当前我国刑法理论界预备犯的研究成果并不多,但近些年来围绕着预备行为尤其是预备行为实行化、"实质预备犯"等刑法问题的研究正在蓬勃发展。

通过对犯罪预备行为相关的博士论文的检索,发现近 30 年间以预备犯为研究对象的刑法学博士论文寥寥无几,具有代表性的文章有三篇,分别是 1996 年吉林大学法学院邢志人博士的论文《犯罪预备研究》、2005 年武汉大学法学院许健博士的论文《犯罪预备行为处罚限度研究》、2013 年武汉大学法学院许海霞博士的论文《预备犯研究》,这些论文的核心内容都是在研究犯罪预备行为的处罚范围,研究的思路也有相似之处,都是通过对预备犯构成特征和处罚依据的分析探寻预备处罚范围的合理界定途径。但是在预备犯讨论的前提设置上存有差异,邢志人博士和许健博士理论框架建构的基础是将我国预备犯的刑事立法规定解读为普遍处罚原则,而许海霞博士则认为我国预备犯的种类应分为可罚的预备犯和不可罚的预备犯。①这些博士论文或是以预备犯刑事立法规定的缺陷为突破口,或是以刑法理论上预备犯处罚范围的争议作为问题的切入点,而本书的研究思路略有不同,本书是从预备犯

---

① 对于这一概念的应用笔者存在一定的质疑,若采纳"预备犯"这个概念则意味着犯罪预备行为已经构成犯罪只是免除处罚而已,而实质上不可罚的犯罪预备行为所涵盖的范围要更大,这种表达方式混淆了犯罪预备和预备犯这两个概念。

处罚的司法现状出发,先对预备犯司法适用情况进行全面的总结、描述,再对这种司法现状的进行分析、反思,发现当前预备犯处罚所面临的困境,即预备犯处罚恣意性较强、无章可循,处罚范围呈现出扩张状态,并针对这一问题具体展开讨论。距离上一篇专门研究预备犯的博士论文发表已经有 7 年的时间,我国预备行为的刑事立法、司法情况已经发生了巨大变化,与之相关的刑事政策导向也发生了变化。本书形成于新的预备行为立法背景之下,不仅讨论了传统预备犯处罚的理论问题,而且立足于刑法理论研究的前沿和热点,对于预备行为单独立法的问题也有思考,探究预备行为处罚范围变化的原因,检讨当前预备犯刑事处罚的根据,并结合当前的刑事司法现状寻找有效限制预备犯处罚范围的方法,与以往的预备犯研究相比,本书的研究范畴更广,理论观点更新颖,具有一定的进步意义。

　　刑罚要比刑法存在的历史更为久远,刑法的出现就是为了限制刑罚权的发动,结束罪刑擅断、滥用刑罚的黑暗统治,法治国家限制刑罚权发动的主要方式是建构刑事法律体系,通过罪刑法定原则将刑事处罚范围限定在法律明文规定之中。在借助刑事法律制度推动社会文明化的这一进程中,需要思考的核心问题是:如何确定刑罚处罚的范围? 若刑罚涉足的范围过宽就会导致刑罚的恣意,削弱刑法存在的价值,反之若刑罚处罚的范围过于狭隘又很难发挥刑法维护社会稳定的功能。刑法的发展少不了刑事理论的支撑和引领,刑法学通过对刑法哲学、刑法史学和比较刑法学的研究对现行刑法进行合理解释,为刑事法律制度的完善而服务。我国刑法学的内容分为总则和分则两部分,分则是具体讨论各个独立罪名的刑事处罚范围,总则是从宏观上对刑事犯罪处罚范围界定的一般规则和原理进行探究,其中犯罪论作为刑法总则的核心内容,探究的是确定犯罪处罚范围的一般标准。总地来说,刑法和刑法学存在的意义就是确定刑事处罚范围。

鸟瞰各国的刑事制裁体系,通常以处罚既遂犯为原则,处罚未遂犯为例外,处罚预备犯为例外的例外,但随着社会的发展进步,这种常规的刑事制裁体系也面临挑战。从社会学的角度,随着科学技术水平的提升和工业化发展的推进,人类逐步进入风险社会,为了防控社会风险,各国的刑事立法活跃化,在安全刑法观的指引之下将刑罚介入的时间不断提前,具体的表现形式之一就是扩大犯罪预备行为的处罚范围,在这样的社会背景之下预备犯罪的处罚范围问题再不是无人问津的边缘化问题,而成为刑法学研究的热点、前沿问题。

刑法学研究的本质问题是探索刑罚的处罚范围,具体来说就是讨论实行行为和预备行为处罚范围的问题,大部分国家的刑事立法中都已经规定着手之后实行犯罪的行为是刑罚处罚的对象,所以实行行为作为刑法中责任非难所指向的对象已不存在太大的争议,[1]但预备行为是否也应作为刑罚处罚的对象,各国的刑事立法规定各不相同。大部分国家都没有直接对预备行为的处罚范围进行总括性概述,像我国在刑法总则中规定处罚预备行为的刑事立法体例是少数派。一些国家会在刑法分则中对预备行为的处罚作出特别性的规定,尤其是近些年来预备行为的处罚范围在逐渐扩大,很多国家规定独立的罪名处罚计算机网络犯罪及恐怖主义犯罪的犯罪预备行为,例如 2007 年《德国刑法典》第 41 修正案新增了第 202c 条探知数据和截取数据的预备罪;《意大利刑法典》新增第 270-4 条将招募、训练人员、持有虚假证件等犯罪准备活动纳

---

① [日]桥爪隆:《论实行行为的意义》,王昭武译,载《苏州大学学报(法学版)》2018 年第 2 期。

入刑罚处罚范围。①虽然预备行为的处罚范围有一定的扩张,但并不意味着国际刑事立法的主流趋势变为原则上处罚预备行为,那么哪些犯罪的预备行为值得刑事处罚? 何种类型的犯罪预备行为值得处罚? 预备行为刑事处罚的正当化依据何在? 依据何种标准划定预备行为的处罚范围? 这些问题都尚未达成共识,需要从理论层面进一步思考。

在理论层面上,本书一是要厘清我国刑事立法语境之下预备犯的内涵、成立条件基础理论问题;二是要重新审视我国预备犯的处罚原则,针对刑事立法规定解读的争议进行梳理、辨析;三是深究刑罚处罚预备行为的实质要件和形式要件;四是比对国内外处罚预备犯的立法和司法经验,结合我国预备行为刑事立法的实际情况,寻找限定预备犯处罚范围的本土化路径。本书试图将预备犯相关的理论争议和问题抽丝剥茧地解开,意在为预备犯的理论研究尽绵薄之力。

三、研究的实践意义

我国刑事立法中预备犯的规定过于抽象,导致司法认定困难重重。其一,我国刑法总则中对犯罪预备进行泛泛的规定,即为犯罪"准备工具、制造条件"的行为是犯罪预备,而对于预备犯的成立条件没有明确规定,仅规定了"可以比照既遂犯从轻、减轻处罚或者免除处罚"的处罚规则,这一规定过于抽象导致犯罪预备行为与非预备行为之间难以区分,可罚的预备行为与不可罚的预备行为也很难分辨。

其二,实质的预备犯的认定存在诸多争议。实质的预备犯虽然从事实角度看是其他犯罪的预备行为,但从规范的角度看,实质

---

① 吴沈括:《扩张中的犯罪预备及参与形式》,载《四川警察学院学报》2010 年第 4 期。

预备犯处罚的是实行行为。实质预备犯的行为类型是相对确定的,例如非法利用信息网络罪这种实质的预备犯,明确了设立通讯群组、发布犯罪信息的行为是犯罪预备行为,这为犯罪的司法认定提供了依据,体现出一定的优越性,但实质预备犯在司法实践中具体适用也存在争议。争议一是实质预备犯的犯罪预备行为是否要处罚?从事实的层面上实质预备犯的预备行为就是预备的预备,有的学者认为既然实质预备犯已经是独立的罪名,那么实质预备犯中处罚的行为也是实行行为,实行行为的预备可以成为处罚的对象,但也有学者认为从行为的社会危险性的角度,这类行为没有处罚的必要。争议二是若某一犯罪行为既构成某罪的预备犯又构成实质预备犯规定的犯罪,应当如何定罪处罚?是按照总则中预备犯的规定定罪还是按分则中实质预备犯的规定定罪?而且在刑事立法不断扩张的过程中,由于立法技术不成熟导致实质预备犯规定本身可能存在一定的模糊性,在司法实践中司法机关就会对法律规定的理解不同存在分歧,进而导致刑事处罚范围的边界难以确定。

本书从我国预备犯刑事处罚的现状中发现预备犯的处罚范围呈现出扩张状态,刑事处罚范围扩张会造成侵犯人权和破坏法秩序统一的后果,而预备犯处罚范围扩张的原因在于刑事处罚标准的缺失,于是本书围绕认定可罚预备行为的标准展开,提倡充分运用刑事司法手段将预备犯类型化,一方面能够为预备犯的处罚提供明确、具体的依据,改善预备犯处罚无章可循的困境,为预备犯的司法认定提供切实可行的标准,从而达到限制预备犯处罚范围的目的;另一方面通过司法手段明确预备犯的处罚范围而不是采用立法扩张的方式明确预备犯的成立条件,能够有效减轻立法压力、节约立法成本,还能够有效规避因刑事立法规定的增多而导致刑事处罚过度扩张的问题。

第一章

预备犯处罚现状及存在问题

第一节　我国预备行为的处罚现状

一、我国预备行为的刑事立法现状

（一）我国预备行为立法模式的选择

刑事古典学派的客观主义刑法理论认为,客观上能够直接引起损害结果的行为才能作为犯罪处罚,预备行为不可能直接引起损害结果,没有刑事处罚的必要。[①]一些国家在这一理论的影响之下认为犯罪预备行为一律不应处罚,在总则和分则中都没有处罚预备行为的刑事立法规定,例如 1810 年《法国刑法典》、1973 年《罗马尼亚社会主义共和国刑法典》、1889 年《意大利刑法典》。纵观当今世界犯罪预备行为的刑事立法规定,坚持这种立法模式的

[①]　参见马克昌:《预备犯比较研究》,载《中央检察官管理学院学报》1993 年第 1 期。

国家非常罕见,这种刑事立法是西方国家特定历史时期的产物,立法本身的缺陷较为明显,已经被现代刑事立法所摒弃。当前大部分国家都将为犯罪作准备的行为作为刑事处罚的对象,但具体的规定方式迥然不同,主要有以下几种立法模式:

第一种立法模式是在刑法总则中没有处罚预备行为的规定,体现出原则上不处罚预备行为的态度,但出于保护重大法益的需要,在刑法分则中对严重犯罪的预备行为特别规定刑事处罚。以现行日本刑法典为例,总则中没有犯罪预备和预备犯的相关规定,在分则具体罪名之下特别设置独立的罪名和条款,例如对内患、外乱、私战、放火等严重犯罪都设置与之相对应的预备罪。采用这种立法例的国家较多,1994 年《法国刑法典》、1976 年《德意志联邦共和国刑法典》都采用这种立法模式。①第二种立法模式是在刑法总则中概括性地规定处罚预备行为,因为处罚范围的不同,总则中处罚预备行为的规定又分为两种情况,一种是规定限制性处罚预备行为。例如 1986 年《越南刑法典》第 17 条规定:"严重犯罪及特别严重犯罪的犯罪预备必须承担刑事责任。"②另一种规定对预备行为普遍处罚,例如 1960 年《苏俄刑法典》第 15 条第 3 款规定"对于预备犯罪和犯罪未遂的行为,应该按照本法典分则规定这种犯罪责任的条款处罚",这种刑事立法对东欧、朝鲜、我国等社会主义国家影响颇深。③第三种立法模式是在总则和分则中都没有直接规定处罚预备犯,但以未遂犯的方式对为犯罪作准备的行为予以处罚。例如 1930 年《意大利刑法典》第 56 条规定:实施毫不含糊地

---

① 高艳东:《规范学视野中预备行为可罚性的反思与重构》,载《现代法学》2005 年第 1 期。

② 米良译:《越南刑法典》,中国人民公安大学出版社 2005 年版,第 8 页。

③ 胡陆生:《犯罪预备立法及概念之比较》,载《安徽警官职业学院学报》2003 年第 1 期。

表明旨在犯罪的、适当的行为,但是行为尚未完成或者尚未发生结果负未遂的责任。这一法律规定没有将"预备"与"未遂"这两个概念区分开,事实上部分犯罪预备行为主观上也已坚定地表现出犯罪意愿,客观上也体现出导致犯罪意图实现的潜在风险性,所以这一法律规定也为部分犯罪预备行为的处罚提供了依据。[①]

另外,除了形式预备犯的规定以外,各国刑事立法还将部分为犯罪作准备的行为以独立罪名的方式规定在刑法分则之中,例如大部分国家都将伪造货币、持有枪支等为犯罪作准备的行为作为单独罪名予以刑事处罚。

根据我国现行刑法规定,我国处罚预备行为的规定采用的是总则和分则规定相结合的模式,一方面刑法总则中对预备行为的处罚进行概括性规定,《刑法》第 22 条规定:"为了犯罪,准备工具、制造条件的,是犯罪预备。对于预备犯,可以比照既遂犯从轻、减轻处罚或者免除处罚。"另一方面刑法分则虽然没有像日本刑法一样设置某罪名的预备犯,但是设立了独立罪名处罚为犯罪准备工具、制造条件的行为,例如分则中规定的"非法利用信息网络罪"是在处罚为诈骗等犯罪活动作准备的行为,再如"虚开增值税专用发票、用于骗取出口退税、抵扣税款发票罪"实际上是在处罚逃避纳税类犯罪的预备行为。

(二) 刑法总则中处罚预备行为的规定

我国首次规定犯罪预备的概念、特征和处罚原则是在 1950 年《中华人民共和国刑法大纲》中,《刑法大纲》第 13 条规定:"着手实施犯罪前,准备工具,打听路线、调查对象,或用其他方法为自己着手实施犯罪之准备行为者,为预备犯,其处罚以本大纲分则有明文

---

① 黄风译:《最新意大利刑法典》,法律出版社 2007 年版,第 23 页。

规定者为限。"随后在 1954 年我国的《刑法指导原则草案》第 6 条第 1 款规定："对于为了实行犯罪而准备犯罪工具、制造犯罪条件的预备犯,一般不予处罚;但是对于杀人、放火、抢劫、破坏公共财物的预备犯,应当根据犯罪的预备程度和对社会的危害性程度追究刑事责任。"第 3 款规定："对于反革命犯,不论预备、未遂,都应当根据犯罪的具体情况,予以应得的处罚。"1957 年《中华人民共和国刑法草案(初稿)》和 1963 年《中华人民共和国刑法草案(修正稿)》预备犯规定的内容相同。1979 年我国第一部刑法正式颁布,完全采纳《刑法草案(初稿)》和《刑法草案(修正稿)》的内容,在《刑法》总则中第 19 条第 2 款中规定："为了犯罪,准备工具、制造条件的,是犯罪预备。对于预备犯,可以比照既遂犯从轻、减轻处罚或者免除处罚。"而刑法分则中没有与总则相呼应的形式预备犯的立法规定。1979 年预备犯刑事立法的过程中,立法者原准备在分则中具体规定预备犯及法定刑,但经过讨论认为根据我国主客观相统一的犯罪认定标准,将预备犯规定得过于详细会给司法适用带来困难,会束缚司法机关行使权力,所以后来又改为总则中概括性地规定处罚预备犯,分则中不再具体规定。①

　　1997 年刑法的修订过程中有学者建议修改预备犯的立法模式,提出在总则中规定预备犯的处罚原则且规定预备犯的处罚以刑法分则的规定为限,在综合考量犯罪的性质、危害程度和刑事处罚的必要性等因素后,在分则重罪条文中特别规定处罚犯罪预备。②但 1997 年刑法的修订最终并没有采纳这些建议,而是完全承袭了 1979 年刑法总则中关于预备行为的刑事立法规定,截至今

---

① 参见徐逸仁:《故意犯罪阶段形态论》,复旦大学出版社 1992 年版,第 62 页。
② 参见赵秉志主编:《刑法修改研究综述》,中国人民公安大学出版社 1990 年版,第 152—153 页。

日,1997 年刑法历经了数个刑法修正案的变更,刑法总则中预备行为的刑事立法规定都没有发生变化。《刑法》总则第 22 条规定:"为了犯罪,准备工具、制造条件的,是犯罪预备。对于预备犯,可以比照既遂犯从轻、减轻处罚或者免除处罚。"

另外,我国刑法理论界认为刑法分则中有实质预备犯的规定,即对预备行为单独规定罪名进行处罚,而且实质预备犯是预备犯的种类之一,所以分则当中也有预备犯的规定。我国刑法分则中确实有对预备行为单独处罚规定,但实质预备犯是否属于预备犯的种类之一尚值得商榷,所以分则当中处罚预备行为的规定是否能够理解为预备犯的刑事立法也值得商讨。

(三)刑法分则中处罚预备行为的规定

刑法总则中预备犯的刑事立法规定一成不变,而刑法分则中处罚预备行为的规定却发生了较大的变化。首先,基于当前社会环境有必要扩张预备行为的处罚范围。世界正在步入乌尔里希·贝克于 20 世纪 80 年代所预言的"风险社会"已经是无可争议的事实,在风险社会的背景之下,在原有基础上扩张预备行为的处罚范围在所难免。原因是风险社会下预备行为的社会危害性发生了变化,传统社会中犯罪预备行为指的是"在犯罪进程的预备阶段,行为人为实现特定罪行而实施的基础性工作,典型的预备行为犯包括:为犯罪实现而征集招募犯罪同谋、收集相关工具材料、获取必要专业技能等等",[1]这些预备行为的危害性是可以预估的。预备行为的方法发生变化,进而导致行为的危害程度难以预测,而且部分通过网络实施的犯罪预备行为与传统犯罪预备行为相比,社会

---

① See Daniel Ohana,"Desert and Punishment for Acts Preparatory to the Commission of a Crime",20:1,Canadian Journal of Law and Jurisprudence,(2007)133.

危害性显著提升。例如在网络技术的帮助下为诈骗罪作准备的预备行为与传统诈骗罪的预备行为相比,社会危害性呈现出几何级的增长,传统电话诈骗是一对一的模式,法益侵害的可能性相对较小,而在网络空间中诈骗信息的传播不受空间和时间限制,法益侵害的可能性大大增加,所以为网络犯罪创造条件、提供工具的行为社会危害性明显提升。在这样的社会背景之下,基于惩罚犯罪保护法益的需要,司法机关处罚预备行为的范畴确实应当顺势作出扩张。其次,随着社会的不断进步,人类的认识水平提升,以"实害"为重的法益保护思想已无法满足社会的需要,保护抽象的观念性利益的呼声越来越高,公共安全、环境利益和社会秩序的保护已经提上刑法保护的日程。最后,从当前各国的刑事立法来看,刑法除了保护生命、财产等个人法益之外,抽象的超个人法益也成为刑法保护的对象,法益保护前置化已经成为不可逆的既定事实,而实现法益保护前置化的方式就是要将刑事处罚范围扩张,扩大预备行为的处罚范围就是刑事处罚范围扩张的一种表现,所以说扩大预备行为的处罚范围是为了法益保护的前置化。①因此,无论是从预备行为危害性的变更还是从社会需求的角度,在当前司法现状的基础上扩张预备行为的处罚范围是众望所归。我国预备行为的刑事立法与国际立法潮流一致,都在增加处罚预备行为的规定,具体来说:

在《刑法修正案(三)》中增加了"资助恐怖活动罪";《刑法修正案(五)》中新增了窃取、收买、非法提供信用卡信息罪;《刑法修正案(七)》中新增了"出售、非法提供公民个人信息罪""非法获取公民个人信息罪""非法获取计算机信息系统数据、非法控制计算机

---

① 参见舒洪水:《危险犯研究》,法律出版社 2009 年版,第 5 页。

信息系统罪""提供侵入、非法控制计算机信息系统程序、工具罪";
《刑法修正案(八)》中新增了"虚开发票罪";《刑法修正案(九)》新
增了"准备实施恐怖活动罪""宣扬恐怖主义、极端主义、煽动实施
恐怖活动罪""强制穿戴宣扬恐怖主义、极端主义服饰、标志罪""侵
犯公民个人信息罪""非法利用信息网络罪"等罪名。这些大量新
增的实质预备犯规定表现出当前社会背景之下,刑事立法者对处
罚犯罪预备行为的积极态度,从实质预备犯立法规定的发展脉络
可以合理推测,在一段时间内实质预备犯刑事立法扩张趋势还会
延续下去。

二、我国预备犯的司法适用现状

(一)预备犯的司法适用率不高

2014 年我国裁判文书上网制度正式实施,于是本书选取 2014
年至 2019 年的刑事案件为研究对象,在北大法宝中以"案由:刑
事""一审""判决书""全文:犯罪预备"或"全文:预备犯"为关键词
进行检索,然后采用人工阅读的方法对符合条件的案件逐一阅读、
筛选。根据现有数据统计,我国当前司法实践中处罚预备犯的案
件数量有限,2014 年至 2019 年六年期间,一审刑事案件中依照
《刑法》总则规定处罚犯罪预备行为的案件共有 1691 件,具体分布
情况如表1所示。通过数据总结可以发现,除了 2014 年处罚犯罪
预备行为的案件数量偏高一些,基本上每年适用《刑法》第 22 条的
案件数量基本持平,而且每年处罚预备犯的案件数量占当年一审
刑事案件总数的百分比也很稳定,①基本在万分之八左右,这组数

---

① 为了保证数据来源的一致性,2014—2019 年的一审刑事案件数量也是从
北大法宝数据库中搜集的,以"案由:刑事""一审""判决书""审结日期:2014 年 1 月
1 日—2015 年 1 月 1 日"等逐年搜索得出相关数据。

据表明我国刑事案件中处罚犯罪预备行为的情况比较少见,这一结论与我国刑法理论界对预备犯适用情况的推测相吻合。[①]

表1 2014—2019年一审刑事案件中预备犯的数量统计

	预备犯案件数量	刑事案件总数	占案件总数百分比	涉及罪名数量	占罪名总数百分比
2014 年	358	299060	0.12%	33	7.3%
2015 年	260	331438	0.08%	35	7.8%
2016 年	279	353994	0.08%	31	6.6%
2017 年	290	386121	0.07%	34	7.3%
2018 年	305	349527	0.09%	39	8.3%
2019 年	199	277816	0.07%	25	5.3%
总　计	1691	1997956	0.08%	76	16.2%

从预备犯处罚的案件数量来看,司法实践中并未将全部犯罪预备行为都认定为犯罪处罚,仅处罚部分犯罪预备行为,所以在实务中司法机关针对预备犯的处罚没有遵循普遍处罚原则,而是采用限制预备犯处罚范围的思路。

（二）适用预备犯的罪名分布相对广泛

虽然司法机关在实践中确实对预备犯的处罚范围进行了限制,但是从处罚现状适用来看,预备犯的罪名相对比较宽泛。我国《刑法修正案（九）》于2015年11月1日正式实施,修正案正式施行之前分则中有451个罪名,正式实施以后刑法分则中罪名数量变成468个。[②]通过对研究样本所涉及刑事案件的罪名进行梳理,

---

[①] 这也是刑法理论界对预备犯关注程度低的主要原因之一,因为司法实践中实际处罚预备犯的数量相对较少,对预备犯的研究价值就存疑,但随着刑事处罚前置化的浪潮席卷全球,预备处罚范围的混乱将会是个偌大的隐患,应该对其进行思考。

[②] 根据最高人民法院和最高人民检察院发布的《关于执行〈中华人民共和国刑法〉确定罪名的补充规定（六）》,2014年《刑法》分则的罪名数量有451个,2015年刑法修正案的修订改变了罪名的数量,但刑法修正案在当年11月1日才正式实施,所以将当年罪名数量算作451个,产生的误差可以忽略不计。

发现 1691 份刑事判决书中共涉及 76 个罪名,占刑法分则全部罪名的 16% 左右,连续六年每年处罚预备犯所涉及的罪名数量及所占百分比也相差不多,基本上每年有 6%—7% 的分则罪名的预备行为受刑罚处罚,从整体上看处罚预备犯的罪名占刑法分则罪名总数的百分比确实不高,但考虑到刑法分则中的 400 多个罪名中常用罪名的数量也有限,适用预备犯的罪名已经不少,预备犯的司法适用范围相对比较宽泛。

我国刑法分则中以同类客体为标准将犯罪分为十章,采用大章制的刑事立法体例,根据侵犯法益类型的不同大体上的排列顺序是:侵犯国家法益、侵犯社会法益、侵犯个人法益。①六年间处罚预备犯的 76 个罪名在刑法分则不同章中的分布情况如图 1。总体来看,这些犯罪分布在七章犯罪中,本次统计结果未见有军人违反职责罪、渎职罪和危害国防利益罪这三章的罪名。②具体来说,依据侵害犯罪客体的内容不同,处罚预备犯的罪名可以分为三类:第一类是侵害社会法益类型的犯罪,这类犯罪所占比例明显偏高,占处罚预备犯罪名总数的 72.4%,其中刑法分则第二章危害公共安全罪这一章中的放火罪、爆炸罪、以危险方法危害公共安全罪等犯罪都处罚预备犯;第三章破坏社会主义市场经济秩序罪这一章中的伪造货币罪、"非法制造、出售非法制造的发票罪"等犯罪处罚预备犯;第六章妨害社会管理秩序罪这一章处罚预备犯的罪名是最多的,"组织、利用会道门、邪教组织、利用迷信破坏法律实施罪""聚众斗殴罪"以及毒品

---

①　参见陈兴良:《刑法各论的理论建构》,载《北方法学》2007 年第 1 期。

②　在数据分析的过程中有考虑是因为涉及国家秘密的案件,所以在公开的刑事判决书中没有发现处罚相关犯罪预备行为的情况,这是数据统计过程中没有办法避免的缺陷,但整体上不影响数据所呈现出的特征。

类犯罪都处罚预备犯。第二类是侵犯个人法益的罪名,占处罚预备犯罪名总数的 19.7%,其中第四章侵犯公民人身、民主权利罪这一章中的故意杀人罪、绑架罪、强奸罪的犯罪预备行为被处罚;第五章侵犯财产罪这一章中的抢劫罪、盗窃罪的犯罪预备行为是刑罚处罚的对象。第三类是侵犯国家法益的罪名,仅占 7.9%,其中第八章贪污贿赂罪这一章中处罚行贿罪、贪污罪的犯罪预备行为,第一章危害国家安全罪中颠覆国家政权罪的预备行为也会被处罚。

虽然处罚预备犯的案件数量与刑事案件数量整体相比所占的比例确实不高,但适用预备犯的犯罪分布于刑法的各个章节,大部分章节都有涉猎。根据统计数据,六年内共处罚预备犯案件数量超 100 件的罪名共有五个,按顺序排列分别是:抢劫罪;组织、利用会道门、邪教组织、利用迷信破坏法律实施罪;盗窃罪;走私、贩卖、运输、制造毒品罪和非法生产、买卖、运输制毒物品、走私制毒物品罪。处罚犯罪预备行为案件超过 50 件的罪名有三个,按照顺序排列分别是:故意杀人罪;盗掘古文化遗址、古墓葬罪和绑架罪。处罚预备犯案件数量超过 10 件的罪名共有八个,按照顺序排列分别是:放火罪;敲诈勒索罪;强奸罪;聚众斗殴罪;诈骗罪;破坏易燃易爆设备罪;抢夺罪和非法获取国家秘密罪。司法实践中处罚预备犯的罪名有 76 个,常规处罚预备犯的罪名大概有不到 20 个,其他罪名处罚预备犯是一种偶然现象。典型的罪名处罚预备犯的案件数量较多,例如 2014—2019 年期间抢劫罪处罚预备犯的案件有 306 件;组织、利用会道门、邪教组织、利用迷信破坏法律实施罪处罚预备犯的案件有 287 件,还有很大一部分罪名属于非典型性的罪名,这类罪名处罚预备犯的案件只有 1 件到 2 件,例如强迫卖淫罪处罚预备犯的案件仅有 1 件;故意伤害罪处罚预备犯的案件仅有4件。因此,司法实践中处罚预备犯的案件数量虽不多,但适用范围相对具有宽泛性。

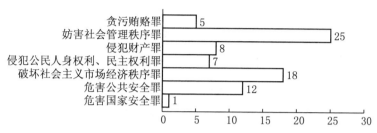

图1 适用预备犯罪名在刑法各章分布情况

第二节 预备犯处罚范围呈现出扩张态势

一、预备犯处罚范围的司法扩张

(一)预备犯处罚范围的评价标准

我国现行《刑法》第22条第1款规定:"为了犯罪,准备工具、制造条件的,是犯罪预备。"第2款规定:"对于预备犯,可以比照既遂犯从轻、减轻处罚或者免除处罚。"根据预备犯的刑事立法规定,针对预备行为的处罚原则问题刑法理论界存在不同的理解,可以归纳为两种观点:

第一种是通说观点,持通说观点的学者认为"预备行为属于刑罚处罚的范围,而且处罚预备犯是原则性规定而非例外性规定,对预备犯适用普遍处罚原则"。[1]虽然原则上处罚预备行为

① 郝守才:《论犯罪预备立法之完善》,载《河南大学学报(社会科学版)》2002年第6期。

这一观点在刑法学界占支配地位,但不同学者的思考角度略有差异,对这一观点的表述方式也不尽相同,有的学者通过比较各国预备犯的刑事立法规定并对其进行分类,认为我国预备犯的刑事立法规定属于原则上处罚预备行为的类型。①有的学者强调预备犯主观方面的内容,认为排除理论上绝对不可能存在犯罪预备的过失犯罪,无需考虑犯罪的社会危害程度大小、手段是否残忍等因素,在故意犯罪中所有犯罪预备行为都是可罚的。②有的学者是从立法模式的角度思考,认为传统的预备犯刑事立法模式属于"一刀切"的立法,只要是为实施刑法分则的犯罪准备工具、制造条件的,都应当被定罪。③还有的学者考虑到预备犯司法实践的实际情况,认为从逻辑上来说所有预备犯都具有可罚性,但司法实践对刑事立法中规定应当受刑罚处罚的预备行为进行了非罪化处理。④由于预备行为普遍处罚的观点在学界的认可度过高,很多学者认为这是一个无需证明的结论,从而直接作为论证的前提引用,例如有学者在讨论预备犯的处罚原则时直接表述:"我国《刑法》第 22 条的规定一般性地赋予了犯罪预备行为刑事可罚性并普遍处罚预备犯。"⑤总而言之,持通说观点的学者将"犯罪预备"和"预备犯"作为同一理解,所以认为犯罪预备行为应一律处罚。

---

① 参见马克昌:《预备犯比较研究》,载《中央检察官管理学院学报》1993 年第 1 期。

② 参见蔡仙:《论我国预备犯处罚范围之限制——以犯罪类型的限制为落脚点》,载《刑事法评论》2014 年第 1 期。

③ 李梁:《预备犯立法模式之研究》,载《法学》2016 年第 3 期。

④ 参见柳忠卫:《刑事政策视野中犯罪未完成形态立法模式的理性建构》,载《法学家》2012 年第 3 期。

⑤ 梁根林:《预备犯普遍处罚原则的困境与突围——〈刑法〉第 22 条的解读与重构》,载《中国法学》2011 年第 2 期。

　　第二种观点认为刑法应当仅处罚重罪的犯罪预备。刑法学界通说认为《刑法》22条规定意为处罚所有犯罪的预备行为,学者们对通说观点是预备犯普遍处罚没有异议,但是对预备犯普遍处罚原则本身的合理性却不以为然。从字面含义上解读刑法总则中预备犯的规定,一是概括性地规定了犯罪预备的行为类型,二是规定了预备犯的量刑规则,而对于预备行为的处罚范围并没有作出明确的界定。而且,司法实践中长期例外地处罚犯罪预备行为已经是人人皆知的事实,暂且不讨论普遍处罚刑事政策上的必要性,单从普遍处罚实现可能性的角度,诸多司法证明上的难题使得普遍处罚原则成为不切实际的空想。早就有学者看清了预备行为普遍处罚的困境,进而积极寻求限制预备行为处罚范围的方法,例如有学者认为"对于少数危害严重犯罪的预备行为,因为给社会带来较大的危害,刑法为了预防祸患应当对其进行处罚";[1]有学者认为"虽然立法模式不同,但各国对于部分性的承认预备行为具有可罚性能够达成共识,且一般对具有严重法益侵害性的预备行为赋予罪责规范";[2]还有学者认为"考虑到对特别重要法益的特殊保护,对于特别严重犯罪中纯粹制造条件的预备行为可以处罚"。[3]一大批刑法学者为预备犯刑事立法完善提出建议时都提出处罚重罪的犯罪预备这种观点,这种限定预备行为处罚范围的标准在刑法理论界有大批拥趸。

　　刑法仅处罚重大犯罪或特别严重犯罪的预备行为这种观点不

[1]　郝守才:《论犯罪预备立法之完善》,载《河南大学学报(社会科学版)》2002年第6期。
[2]　李凤梅:《预备犯可罚性的反思与重构:以刑法拟制的视角》,载《北京师范大学学报(社会科学版)》2015年第3期。
[3]　高艳东:《规范学视野中预备行为可罚性的反思与重构》,载《现代法学》2005年第1期。

是凭空想象出来的,很多国家的刑事立法中都体现重罪处罚的原则,例如俄罗斯现行刑法典第30条第2款规定:"只对预备严重犯罪和特别严重犯罪追究刑事责任,对预备轻罪和中等严重犯罪的情况不追究刑事责任。"[①]再如,日本刑法典中处罚预备行为的犯罪包括内乱罪、放火罪、杀人罪、绑架罪等,能够看出处罚的也是社会危害性较为严重犯罪的预备行为。韩国刑法典中规定预备犯的处罚,针对的也是类似于放火罪、内乱罪、间谍罪这类重大犯罪。因此,通过借鉴国外刑事立法的经验,处罚重罪的预备行为才具有刑事政策上的正当性。[②]

(二) 预备犯的处罚超出重罪处罚的范围

预备犯的处罚原则有两种立场:其一是预备犯普遍处罚原则,即所有的犯罪预备都要处罚;其二是预备犯限制处罚原则,即仅处罚部分犯罪的预备行为。考虑到预备犯普遍处罚原则的缺陷,借鉴国外预备犯处罚原则的立法经验,限制处罚原则更具有合理性,具体来说处罚重罪的犯罪预备更符合我国立法、司法现状,重罪处罚标准保证了刑法的谦抑性,而且与普遍处罚相比具有实现的可能性,能够保证与现有刑法体系的逻辑连贯性。因此,重罪处罚应当作为限制预备犯处罚范围的标准,但预备犯适用司法现状并不符合重罪处罚原则。

首先,理论上关于重罪所指代的犯罪类型有不同的理解:其一是从宏观上理解,侵犯严重法益的犯罪是重罪。通常各国刑事立法者在对刑法分则罪名体系设置时是按照犯罪的危害性程度大小

---

① 〔俄〕伊诺加莫娃·海格主编:《俄罗斯联邦刑法》,黄芳、刘阳、冯坤译,中国人民大学出版社2010年版,第115页。

② 参见阎二鹏:《预备行为实行化的法教义学审视与重构——基于〈中华人民共和国刑法修正案(九)〉的思考》,载《法商研究》2016年第5期。

进行排序的,①结合我国刑法分则的规定,顺序比较靠前的危害国家安全类犯罪和危害公共安全类犯罪显然属于重罪,排序位置相对靠后的妨害社会管理秩序罪这一章中所包含的是相对危害性较轻的犯罪。其二是依据罪名法定刑设置的高低不同区分重罪与轻罪。参考分则中罪名和对应的法定刑设置情况,结合司法实践现实情况和基本常识,针对处罚预备犯问题上的重罪标准可设置为十年以上有期徒刑,即分则规定法定刑为十年以上有期徒刑的犯罪可以处罚预备犯。②

其次,无论选取哪一种方式对重罪、轻罪进行划分,预备犯的处罚都不符合重罪处罚原则。结合当前的司法现状,若以法益侵害严重程度划分重罪与轻罪,危害国家安全类犯罪和危害公共安全类犯罪的犯罪预备应该最具可罚性,但从处罚预备犯罪名在各章的分布情况来看(见前文图 1),理论上预期成为处罚预备犯重点的罪名出现的频率并不高,反而是相对性质并不严重的妨害社会管理秩序这类犯罪中处罚预备犯的情况最为常见。统计结果中"组织、利用会道门、邪教组织、利用迷信破坏法律实施罪"的案件数量有 306 件;"盗掘古文化遗址、古墓葬罪"的案件数量也有 54件,从案件数量上明显高于"以危险方法危害公共安全罪""故意伤害罪"这一类可能涉及重大公共利益和人身权益的犯罪。当然理

①　1979 年《刑法》分则中犯罪分为八大类:反革命罪,危害公共安全罪,破坏社会主义市场经济罪,侵犯公民人身、民主权利罪,侵害财产犯罪、妨害社会管理秩序罪,妨害婚姻、家庭罪,渎职罪,学者认为这一排序是按照危险程度和社会危害性大小进行的排序,体现了我国刑法打击锋芒所指,1997 年《刑法》制定过程中也基本承袭了这种体系,表示对原有的分则排序方式基本认同。参见陈兴良:《刑法各论的理论建构》,载《北方法学》2007 年第 1 期。

②　王志祥、郭健 2005 年发表在《政治与法律》上的《论犯罪预备行为的处罚范围》一文;郑延谱 2014 年发表在《中国法学》上的《预备犯处罚界限论》;刘天 2020年发表在《北京政法职业学院学报》上的《预备行为实行化立法模式之否定——兼议预备罪处罚范围的双重限制路径》一文都采用这一标准。

论上的预期与预备犯的处罚现状之间也并非毫无契合度,类似于"抢劫罪""故意杀人罪"这种直接侵害人身权益的较为严重的犯罪还是处罚预备犯的典型罪名,在处罚预备犯案件数量的排行榜上也名列前茅。但总体来看,重罪处罚原则在预备犯的司法适用过程中并没有被采纳。若以法定刑设置高低作为轻罪与重罪的划分标准。从处罚预备犯所涉罪名法定最高刑的统计结果来看(见图2),在处罚预备犯的76个罪名中,有三分之一法定最高刑是十年以下有期徒刑的犯罪处罚预备犯,甚至有5%法定刑在三年以下的犯罪也处罚预备行为。这表明法定最高刑较低的犯罪,其预备行为也会被处罚,而法定刑相对较低代表着犯罪目的本身的社会危害性就不高,处罚这类犯罪的预备行为显然不符合重罪处罚原则,但在实践中这类犯罪处罚预备犯的情况却很常见。

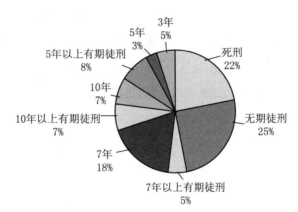

图2　预备犯所涉罪名法定最高刑分布情况

司法实践中限缩预备犯处罚范围的倾向性十分明显,但在具体实施过程中因为没有确定的标准而难达理想的效果。从逻辑上,重罪处罚原则这种限制预备犯处罚范围的思路具有合理性,值得肯定。但遗憾的是司法实践中并没有完全遵循重罪处罚原则,导致社会危害性较轻的犯罪预备行为也被刑罚处罚,使得刑罚处罚的范围被不当扩张。

综上所述,司法机关认定预备犯处罚预备行为的过程中,并没有受到普遍处罚原则的桎梏而将所有预备行为都纳入刑事处罚的范畴中,也没有依照重罪处罚原则的要求将预备行为的处罚范围限制在重罪的预备行为之中。从预备犯适用现状中无法归纳、总结出处罚预备行为的统一标准,预备犯的司法适用处于无章可循的状态,处罚预备行为的决定权在各层级司法机关手中,而各司法机关对应处罚的预备行为有不同的理解,导致预备行为的处罚恣意性较强,缺乏限定。

二、预备犯处罚范围的立法扩张

(一)立法扩张目的:加强预备行为的处罚力度

我国《刑法》中第 22 条仅规定了犯罪预备和预备犯的量刑规则,而对预备犯的处罚范围没有明确的界定,所以预备犯的处罚范围一直是个悬而未决的问题。刑法理论界对于这一问题的讨论已经是个老生常谈的话题,理论学者们的研究思路很相似,都认为预备犯处罚范围不明确是因为刑法总则预备犯规定过于抽象,这一问题本质上是一个立法问题,所以应当通过完善立法的方式限制预备犯的处罚范围。例如,梁根林教授认为:预备犯的可罚性及其法律规制应当实现从总则规范到分则规范的转换模式,而且在刑法分则中仅采用实质预备犯的形式进行规定,也就是说根据抽象危险犯的原理,运用法律拟制技术设置新的犯罪构成,将刑法应处罚的犯罪预备行为类型化、个性化,通过明确刑罚处罚的预备行为类型,达到限制预备犯处罚范围的目的。[①]再如,郝守才教授认为:

　　[①]　梁根林:《预备犯普遍处罚原则的困境与突围——〈刑法〉第 22 条的解读与重构》,载《中国法学》2011 年第 2 期。

通过分析国内外的立法情况,经过对比分析和合理性的借鉴,我国犯罪预备应当采取原则不罚,总则、分则相结合以及必减的处罚原则。郝教授认为分则中对预备行为进行单独规定,能够清清楚楚的说明哪些预备行为应当处罚以及采用何种幅度的量刑,一方面便于司法机关对预备犯的认定和处罚,另一方面也防止不当扩大预备犯的处罚范围。①还有一些较极端的观点认为:总则和分则都有处罚预备行为的规定,这种一般化的规定和个别化的规定共存就会产生刑事处罚上的矛盾和冲突,应当摒弃一般化的立法模式,删除刑法总则中预备犯的规定,通过刑法分则的规定对应处罚的预备行为进行特别化立法,个别化的立法能够保障预备犯刑事立法与司法的衔接,有效限制预备犯的处罚范围。②总而言之,曾经理论界的学者们都认为分则中增加犯罪预备行为的规定,为犯罪预备行为的处罚提供明确的依据,司法机关直接依据分则中相关罪名的规定处罚犯罪预备行为,而分则当中没有规定的犯罪预备行为不予处罚,刑法总则中预备犯的规定只是一种形式上的规定,一般情况下不直接作为处罚犯罪预备行为的依据,这样预备犯的处罚范围就能够被限缩。

同时,处罚预备行为的立法扩张与当前世界刑事立法主流趋势一致。理论界提出通过增加处罚预备行为的单独罪名以限制预备犯处罚范围,这种思路具有一定的逻辑性,但结合预备行为刑事立法规定变更的背景来看,当前增加预备行为的立法明显是为了预防犯罪、维护社会秩序。近些年来大陆法系国家为了应对社会需求,在刑事政策的指引之下立法体现出活跃化的特征,将预备行

---

① 郝守才:《论犯罪预备立法之完善》,载《河南大学学报(社会科学版)》2002年第6期。

② 李梁:《预备犯立法模式之研究》,载《法学》2016年第3期。

为独立规定成罪的现象时有发生。例如 2001 年日本刑法典增设了"关于支付用磁卡的电磁记录的犯罪",将非法获取磁卡信息这种预备行为单独作为刑罚处罚对象;再如《德国刑法典》新增"建立犯罪组织罪"将组织犯罪集团这种犯罪预备行为规定为独立的罪名。英美法系刑法中也在新增处罚预备行为的独立罪名,例如欧洲理事会《2001 年网络犯罪公约》中打击截取信息的网络犯罪。这些国家的刑法中往往规定刑罚可罚性的起点是着手,预备行为不属于刑事处罚的范围,所以为了应对风险,处罚预备行为时无法依据刑事立法现有规定,只能通过分则单独规定,将事实上的预备行为规定为实行行为,以此赋予其刑事可罚性,[1]处罚预备行为是将刑罚处罚的时点提前,从本质上扩大了刑事处罚的范围,是一种刑罚处罚的前置化。虽然我国预备行为的立法情况与德、日为代表的大陆法系国家相比有着本质的差异,并没有将可罚性的起点定位于着手点,对实行行为和预备行为的处罚并不存在原则性罚和例外处罚的关系,反倒是《刑法》总则第 22 条规定明确地赋予了犯罪预备行为可罚性,所以处罚预备行为并没有将原有的刑事处罚时点向前推进。但我国刑法理论界接受了大陆法系刑法理论的观点,也认为处罚预备行为是刑罚处罚前置化的表现,为了将刑事处罚的时点提前只能通过刑事立法的方式实现。例如有学者认为"通常情况下着手点是刑事可罚性行为的起点,实行终了即构成既遂,将预备行为作为犯罪既遂处理明显是将处罚前置化";[2]有的学者认为预备犯是沿着犯罪行为实施的"时点"向前推置;[3]还

---

[1] 参见周铭川:《论实行的着手》,载《中国刑事法杂志》2009 年第 4 期。
[2] 王姝、陈通:《我国刑法对法益保护前置化问题研究》,载《刑法论丛》2017 年第 3 期。
[3] 王永茜:《论现代刑法扩张的新手段——法益保护的提前化和刑事处罚的前置化》,载《法学杂志》2013 年第 6 期。

有学者认为刑罚仅处罚造成法益侵害的行为已经无法全面地实现法益保护的目的,立法者将处罚时点提前至未着手实行犯罪计划的阶段,是刑罚处罚前置化的表现。[①]依照这种观点,立法扩张更多是为了加大预备行为的处罚力度,而并非是为了限制预备犯的处罚范围。

通过立法手段加强对预备行为的处罚,也是为了回应社会需要。我国刑法总则中已经明确规定了预备行为是可处罚的,也就是说刑法规定已经为处罚预备行为提供了依据,还要采用立法的方式对预备行为进行单独规定,是因为司法实践中预备犯的处罚处于无章可循的状态,既不符合普遍处罚原则的要求也未遵循重罪处罚原则,预备犯的认定、处罚缺乏统一、明确的标准。但更重要的是为了应对风险社会的背景下,预防犯罪、防控风险的需要,要对原司法实践中处罚的犯罪预备行为进行扩充,增加立法规定能够为犯罪预备行为的处罚提供更为明确的依据,能够有效加强处罚犯罪预备行为的力度。而且增加处罚犯罪预备行为的立法表现出国家对部分犯罪预备行为的否定态度,体现了严厉打击犯罪,维护社会秩序的决心,在一定程度上满足了公民对社会安全感的期待。

理论界在很早之前就曾提出增加分则中犯罪预备行为的规定以限制预备犯处罚范围,而近些年来刑事立法变更过程中,刑法分则中处罚犯罪预备行为的规定也确实呈现出扩张状态,然而结合我国犯罪预备行为的立法背景分析,分则增加的犯罪预备行为的规定指向性很明确,目的在于处罚特定的犯罪预备行为以预防犯罪的发生,所以总体上出于预防犯罪的目的加大预备行为的处罚

---

① 李晓龙:《刑法保护前置化研究:现象观察与教义分析》,厦门大学出版社 2018 年版,第 123 页。

力度。

（二）立法扩张结果：扩大预备犯处罚范围

从预备行为处罚范围的理论研究成果来看，针对限制预备犯处罚范围的问题，理论界大部分学者建议在分则中单独设置罪名规定应受刑罚处罚的犯罪预备，认为通过立法设置独立的构成要件能够保证预备行为处罚范围的明确性，防止不当扩张预备行为的刑事处罚范围，保证刑法的谦抑性。[①]虽然这种观点受到很多学者的追捧，但实际上这一理论观点禁不起仔细的推敲：

首先，立法扩张限制预备犯处罚范围有一定的局限性。理论学者们认为分则中增加处罚预备行为的规定能够限制预备犯的处罚范围，得出这一结论的前提是认为分则规定应是处罚预备犯的唯一法律依据，也就是说不适用刑法总则中预备犯的规定。虽然学者们积极倡导增加刑法分则处罚预备行为的规定，并推测独立构成要件规定的增加可能会架空总则中预备犯的规定，但依然只有少数激进派学者认为应当删除刑法总则预备犯的规定，大部分学者认为即使增加分则中处罚预备行为的规定，刑法总则中预备犯的规定仍然需要保留。理由一是总则中预备犯的规定为分则处罚犯罪预备提供了依据，二是因为将所有具有刑事可罚性的预备行为都规定在刑法分则中不具有可操作性，因此刑法总则中预备犯的规定仍然需要保留。不可否认在刑法分则中增加处罚预备行为的独立罪名，能够将原本依据刑法总则规定处罚的预备行为明确化，这种将预备行为类型化、固定化的方式，在一定程度上确实有助于明确预备行为的处罚范围，但并不意味着没有被刑法明确规定的犯罪预备行为不予处罚，只要刑法处罚预备犯的规定存在，

---

① 参见梁根林：《预备犯普遍处罚原则的困境与突围——〈刑法〉第22条的解读与重构》，载《中国法学》2011年第2期。

这些犯罪预备行为依然有被处罚的可能性。而且考虑到分则中增加的罪名数量有限，不能大面积将应处罚的预备行为明确，例如非法利用信息网络罪实质上处罚的是诈骗罪的犯罪预备，但非法利用信息网络仅是诈骗罪诸多犯罪预备行为类型中的一种，还有大量的犯罪预备行为需要依照总则规定处罚，所以增加处罚预备行为的单独规定对限制预备犯处罚范围所能起到的作用很有限。

其次，预备行为的立法扩张使得可罚的预备行为进一步扩张。分则中处罚预备行为的立法扩张意味着整体上刑事罪名增加，那么针对这些新增罪名的预备犯是否要处罚？或者说，预备犯的处罚范围是否要进一步扩张？这是一个存有争议的问题，针对这一问题有三种立场：第一种观点认为根据刑法总则中预备犯的规定，理论上实施分则罪名的犯罪预备都有可能构成预备犯受到刑罚处罚。[1]而且从当前司法经验来看，实质预备犯的预备行为也确实会成为刑罚处罚的对象，例如"伪造货币罪""伪造、变造、买卖国家机关公文、证件、印章罪"等犯罪属于典型的实质预备犯，这类犯罪的预备行为也会被处罚。[2]第二种观点认为预备犯的处罚应仅限于严重犯罪之中，而分则中处罚预备行为的罪名不会属于严重的犯罪，处罚这类犯罪的预备行为过分扩大了刑事处罚的范围，同时实质预备犯的预备行为其实是"预备行为的预备"，距离现实法益侵害过于遥远，其危险程度达不到刑事处罚的标准，不应将预备行为

---

[1]　陈兴良：《刑法总论精释》，人民法院出版社 2011 年版，第 439 页。

[2]　山东省济南市中级人民法院(2020)鲁 01 刑终 5 号二审刑事案件判决、广东省珠海市人民法院(2018)粤 04 刑终 111 号二审刑事判决等案件中，司法机关对伪造货币罪的预备犯进行处罚。青海省西宁市城西区人民法院(2019)青 0104 刑初 147 号一审刑事判决书、北京市海淀区人民法院(2018)京 0108 刑初 122 号一审刑事判决书，均表明司法机关处罚"伪造、变造、买卖国家机关公文、证件、印章罪"的犯罪预备。

的预备纳入刑事处罚的范围。①第三种观点认为实质预备犯的犯罪预备是否要处罚应视情况而定，要具体根据预备行为法益侵害的危险性决定其是否要被处罚。②

因此，刑法分则中增加处罚预备行为的单独规定，不仅不能够限制预备犯的处罚范围，反而可能导致预备犯处罚范围的进一步扩张。

第三节 预备犯处罚范围扩张的弊端

"实践是检验真理的唯一标准"，这一箴言在刑法学研究的过程中同样适用。通过对预备犯司法适用现状的考察可以发现，司法机关认定预备犯时强调形式侧面的判断，主要考虑客观上行为是不是"为了犯罪准备工具、制造条件"的行为，主观上行为人在认识因素和意志因素上是否满足预备犯主观方面的要求，而对预备行为的危害性是否达到值得刑法规制的程度却没有统一的认定标准。再加上受传统刑法理论的影响，司法实践中秉持着所有犯罪预备行为都具有可罚性的观点，预备犯的认定和处罚都较为随意，没有统一的标准，导致较轻罪名的犯罪预备行为也被纳入刑法处罚的范围，预备犯处罚范围被不当扩大，而且随着分则中处罚预备行为的罪名增加，预备犯的处罚范围可能会进一步被扩张，而预备犯处罚范围的扩张隐含着很多风险和弊端。

---

① 参见熊亚文：《实质预备犯立法的法教义学审视》，载《刑事法评论》2018 年第 2 期。

② 参见张明楷：《刑法学》，法律出版社 2016 年版，第 335 页。

一、司法扩张引发的刑事危机

（一）破坏法秩序统一

法律规范通过调整社会关系中不同参加者的权利、义务关系建立起社会秩序，法律规范从两个层面上调整社会关系，第一层面是通过民法、商法、经济法、行政法等非刑事法律规范修复被破坏的社会关系，当第一层面的法律规范无法修复被破坏的社会关系时，才会启动刑事制裁程序追究刑事法律责任，所以第二层面上通过刑事制裁弥补第一层面法律规范的处罚不力。①为了更好地调整社会关系，国家依据不同原理设置了民法、商法、行政法和刑法等不同法域，虽然这些法域具备各自独立的调整对象和范畴，但终究还是为了一个整体的法秩序在服务，因此各个法域之间不应存在矛盾，保证法秩序的统一性才能维护法的公信力，这一点已经成为法教义学的当然前提。②法秩序统一前提下刑事处罚范围与行政处罚范围之间应该泾渭分明，结合我国的法律体系的构建以及法律规范的内容来看，虽然行政违法行为与刑事犯罪行为同属于违法行为，但行政违法行为只属于一般的违法行为，刑事违法行为则属于严重的违法行为，刑事违法性与行政违法性之间存在着量变关系，两者之间的区别主要是社会危害程度不同。③

不可否认在司法实践中区分刑事处罚范围和行政处罚范围是一个难题，由于刑法与行政法规规定的内容有时会出现雷同，司法

---

① 田宏杰：《行政犯的法律属性及其责任——兼及定罪机制的重构》，载《法学家》2013 年第 3 期。

② 参见郑泽善：《法秩序的统一性与违法的相对性》，载《甘肃政法学院学报》2011 年第 4 期。

③ 参见杨解君、周佑勇：《行政违法与行政犯罪的相异和衔接关系分析》，载《中国法学》1999 年第 1 期。

机关自行对行为的危害性作出判断时不可避免带有一定的主观性,所以实践中刑罚处罚与行政处罚相混淆的情况也会发生。但现实发生的状况未必就是合理的,基于法秩序统一原则的要求,刑罚处罚是法益保护的最后一道防线,刑罚处罚的行为社会危害性应该高于行政处罚的对象,刑事违法性与行政违法性之间应该存在这种高低的位阶关系。但是在对预备犯进行实证研究的过程中发现,由于预备犯处罚范围缺乏限定,一些社会危害性较低的行为也成为刑罚处罚的对象,打破了刑事违法性与行政违法性之间的位阶关系。例如处罚预备犯的案件中有大量的案件是行为人为了传播持有邪教宣传品的行为,虽然持有的数量并不多而且尚未宣传,但仍然被认为构成组织、利用会道门、邪教组织、利用迷信破坏法律实施罪的预备犯而被刑罚处罚。①而根据《治安管理处罚法》的规定,组织、教唆、胁迫、诱骗、煽动他人从事邪教活动的行为具有行政违法性,这表示若行为人利用邪教宣传品煽动、诱骗他人从事邪教活动的行为会受到行政处罚,而仅仅持有邪教宣传品还未传播却可能被刑罚处罚。宣传邪教的行为与持有邪教宣传品的行为相比,前者的社会危害性明显更为严重却被认定为行政违法行为,而社会危害性较轻的行为却被认定为刑事违法行为,这与法秩序统一指导下行刑关系的要求不相符。②

　　预备犯处罚缺少限定破坏法秩序的统一,主要会造成两个弊

---

　　① 江苏省灌云县人民法院(2019)苏 0723 刑初 22 号一审判决书;天津市红桥区人民法院(2015)红刑初字第 0374 号一审刑事判决书;吉林省双阳市人民法院(2016)吉 0112 刑初 63 号一审刑事判决书均属于这种案件。

　　② 我国司法机关在对案件的处理过程中十分依赖司法解释的规定,将持有邪教宣传品的行为认定为预备犯处罚是依据最高人民法院、最高人民检察院颁布的《关于办理组织、利用邪教组织破坏法律实施等刑事案件适用法律若干问题的解释》第 5 条规定:"邪教宣传品不是行为人制作,尚未传播的,以犯罪预备处理。"

端:其一削弱法律权威性,法律规范的权威性来源于法律自身的稳定性,若法律体系内部各个部门法之间互相矛盾、法律效力不确定,将会危害到国民对法秩序的信赖,甚至会对整个国家法律制度的公信力产生负面影响。其二损害法律处罚的公平性,罪刑均衡和罪刑平等是刑法中的两大基本原则,罪刑均衡要求"重罪重罚、轻罪轻罚、无罪不罚","罪刑平等"是指任何人触犯法律都要被平等对待,定罪、量刑和行刑都要平等,无论是罪刑平等原则还是罪刑均衡原则设置的目标都是追求法律处罚的公平性,公平性是法律价值的灵魂。预备犯的司法实践中却出现行为认定时难以区分的情况,实施行为类型相似社会危害程度相差不多的行为,有的被认定为预备犯并加以定罪处罚,有的则被认定为非犯罪化的行政违法行为。基本相同的行为却面临严重程度完全不同的法律后果,这种"同案不同判"的现象不仅在形式上破坏了法治秩序统一的原则,也在实质上损害了法律适用的公平性。

(二) 违反刑法的谦抑性理念

谦抑性一直被认为是刑法的重要理念。边沁认为刑罚本身也是一种恶害,当刑罚的适用不能发挥作用时,采用更为温和的手段就能取得和刑罚处罚同样的效果时,刑罚的恶超过所要处罚的行为本身的恶时,不得适用刑罚。[①]谦抑性理念就是"力求少用或者不用刑罚获取最大的社会利益——预防和控制犯罪",[②]具体从三个方面表现出来:其一是刑法的补充性,只有当行政法、民法或其他法律规范不足以保护法益或制裁违法行为时才适用刑罚处罚;其二是刑法的特定性,刑罚处罚直接影响到个人的人身、财产权利

---

① 参见[英]边沁:《立法理论——刑法典原理》,李贵方等译,中国人民公安大学出版社 1993 年版,第 66 页以下。

② 陈兴良:《刑法谦抑的价值蕴含》,载《现代法学》1996 年第 3 期。

是最严厉的处罚方式,相对应的刑罚处罚的对象应该是具有严重社会危害性的行为;其三是刑法的宽容性,对于法益侵害性轻微的行为尽量不适用刑罚处罚,即使确定要刑罚处罚也坚持能适用轻刑不适用重刑的原则。①谦抑性理念能够防止刑罚的滥用,限制刑罚权的不当扩张,是国际通用的现代刑法基本理念。

　　然而,处罚预备犯的司法实践中却违背刑法的谦抑性。其一,可以通过其他法律规制的行为却动用刑罚处罚,这一举措违反了补充性的要求。2014—2019 年间有几十起处罚"盗掘古文化遗址、古墓葬罪"预备行为的案件,这些案件中具有代表性的行为类型是为盗掘古墓葬踩点的行为,②虽然从行为性质上确实是为盗掘古墓葬作准备的行为,且主观上也有为犯罪作准备的故意,但这种行为的危害程度很轻,可以适用《治安管理处罚法》中危及文物安全的处罚规定。③依据《治安管理处罚法》的规定,在文物单位附近实施爆破的行为,属于应当被科处行政处罚的范围之内。相比较之下,一些为盗掘文物踩点的行为对文物安全的威胁还更低一些,是可以通过行政处罚规制的行为,却在司法实践中被认定为犯罪并处以刑罚,这无疑与刑法作为补充性法律规范的定位相背离。其二,对于社会危害性较轻的行为也处以刑罚处罚。非法获取国

---

　　①　参见马克昌:《我国刑法也应以谦抑性为原则》,载《云南大学学报(法学版)》2008 年第 5 期。

　　②　湖北省当阳市人民法院(2015)鄂当阳刑初字第 00089 号一审刑事判决书、陕西省白水县市人民法院(2018)陕 0527 刑初 11 号一审刑事判决书、山东省平度市人民法院(2017)鲁 0283 刑初 189 号一审刑事判决书都是处罚为盗掘古墓葬而踩点的行为。

　　③　《治安管理处罚法》第六十三条规定:"有下列行为之一的,处警告或者二百元以下罚款;情节较重的,处五日以上十日以下拘留,并处二百元以上五百元以下罚款:(一)刻划、涂污或者以其他方式故意损坏国家保护的文物、名胜古迹的;(二)违反国家规定,在文物保护单位附近进行爆破、挖掘等活动,危及文物安全的。"

家秘密罪是妨害社会管理秩序类的犯罪,法定最高刑是七年有期
徒刑,从刑法分则犯罪构成和法定刑配置来看不属于侵犯重大法
益的犯罪。这类犯罪预备行为的典型表现是为了获取国家级考试
的内容而预先购买工具或测试无线电设备的行为,①这类行为本
身并没有造成严重的社会危害性,惹起的也不是重大法益侵害的
危险,而且造成法益侵害发生的危险性也很低,却也被认定构成犯
罪处以刑罚处罚,明显违反刑法谦抑性的要求。

出于人权保护的考量,谦抑性作为刑法所应具备的属性毫无
争议,谦抑性理念通过对刑事立法和司法的指导以限制刑罚权的
发动从而保障人权。虽然谦抑性理念的重要性一再被强调,已经
是老生常谈的话题,但在立法和司法实践中还有继续深化的必要,
当预备犯的适用范围缺乏统一标准,可能导致不当罚的预备行为
也被刑罚处罚,违反刑法的谦抑性理念。

(三) 与罪刑法定原则存在冲突

罪刑法定原则有明确性的要求。限制国家权力保障人权的罪
刑法定原则是一个已经被公认的近代刑法原则,是法治国家的基
本要求,也是我国刑法的基本原则。"法无明文规定不为罪,法无
明文规定不处罚"的罪刑法定原则包含形式侧面和实质侧面两方
面的内容,其中形式侧面的内容是成文法主义、禁止溯及既往、禁
止类推解释和禁止绝对不定期刑,实质侧面的内容包括明确性原
则、禁止处罚不当罚的行为以及禁止残酷不均衡的刑罚。罪刑法
定中明确性的要求应从两个方面进行理解:其一是从行为规范的
角度,即刑法规范是一般人的行为准则,一般人能够通过法律规定

---

① 山东省枣庄市市中区人民法院(2016)鲁 0402 刑初 101 号一审刑事判决
书和山东省邹城市人民法院(2017)鲁 0883 刑初 51 号一审刑事判决书,都是处罚
为非法获取考试信息而准备的行为。

理解自己行为的法律意义,知晓哪些行为可以为之哪些行为不可以为之,这种法律就具有明确性。日本学者大谷实就曾指出:"若一般国民不能理解法律规范中禁止的行为是什么,那么法律条文的规定不具有明确性,是违宪的。"①其二是从裁判规则的角度,即刑法规范的功能是为司法工作人员提供裁判的依据,由于语言本身的局限性,刑事立法的明确性只是相对的,司法机关在具体适用过程中通过解释尽量消除不明确的部分,为司法裁判提供指导。②

预备犯适用范围不明确与罪刑法定要求的明确性不相符。根据罪刑法定明确性内涵的要求预备犯的处罚范围应该是明确的,从一般人的角度应当知道自己行为的法律后果,具体地说是行为人能够预见到自己的行为是否会被认定为预备犯而受刑罚处罚。但从当前的刑事立法和司法现状来看,预备犯的适用范围并不清晰,行为人对预备行为法律后果的认识存在障碍,降低了国民的预测可能性,这与明确性的要求相违背。同时,司法机关处罚预备行为的范围不固定,通过解释也没有明确预备犯处罚原则,重罪处罚原则并没有为界定预备犯的范畴作出贡献,哪些犯罪的预备行为应当处罚还是一个理论和实务界尚未解决的问题,所以从裁判规则的角度犯罪预备行为的处罚也欠缺明确性。罪刑法定原则是刑事古典学派为防止国家权力侵犯公民个人自由的一种制度设计,③是刑法中的黄金法则,预备犯规定的适用范围模糊不清违反罪刑法定会导致刑罚权的不断扩张,蚕食个人的自由和权利。虽然处罚犯罪的案件数量相对不多但涉及的罪名范围比较广泛,司

① [日]大谷实:《刑法讲义总论》,黎宏译,中国人民大学出版社 2008 年版,第 46 页。

② 参见张明楷:《明确性原则在刑事司法中的贯彻》,载《吉林大学社会科学学报》2015 年第 4 期。

③ 陈兴良:《罪刑法定的当代命运》,载《法学研究》1996 年第 2 期。

法实践的现状暗含所有犯罪预备行为都可能被处罚且具体类型不确定的意思,这种现象脱离了罪刑法定原则的控制,有侵害公民个人权利的危险。

(四) 有背离行为刑法的嫌疑

当代刑法学是以客观主义为基底构建起来的,启蒙思想家们在民主、法治思想的影响之下反对封建时代的罪刑擅断和滥施刑罚,提出了罪刑法定原则以遏制处罚思想犯,经过理论的发展演变形成客观主义刑法理论。随着资本主义的发展,社会矛盾增多,客观主义刑法无法应对,于是功利主义思想抬头,主观主义开始萌芽。[1]客观主义学派和主观主义学派对犯罪的本质问题曾经展开巅峰对决,客观主义又被称为"行为主义",认为刑罚评价的对象是外在的行为及实害;主观主义又被称为"行为人主义",认为刑罚评价的对象是犯罪人反复实施犯罪行为的危险性格,但客观主义并不意味着客观归罪,主观主义也并不等于主观归罪,两者之间的差异是刑罚评价时候注重客观要素还是主观要素的问题。[2]从当前各国的刑事立法现状来看,客观主义明显占了上风,无论英美法系国家、大陆法系国家还是我国,刑法的构建都是以行为为核心,正如德国刑法学家罗克辛所说:"人们公认,现行刑法绝大多数是一种行为刑法。"[3]

预备犯规定的适用范围缺乏限定,司法机关认定预备犯有较大的自由裁量空间,有时对预备犯的认定过于注重主观危险。从

---

[1] 参见童德华:《国外现代刑法学中主、客观主义源流论》,载《浙江社会科学》2001 年第 3 期。

[2] 劳东燕:《刑法中客观主义与主观主义之争的初步考察》,载《南京师范大学学报(社会科学版)》2013 年第 1 期。

[3] [德]克劳斯·罗克辛:《德国刑法学总论(第 1 卷)》,王世洲译,法律出版社 2005 年版,第 110 页。

当前犯罪预备行为的处罚现状来看,一些犯罪预备行为的社会危害性特征表现得并不明显,例如为了盗窃踩点的行为或者为了抢劫准备绳子的行为,从外部物理特征来看与日常生活行为很难区分。之所以被认为预备犯进行刑罚处罚,主要是因为犯罪人具有主观危险性,以行为人主观危险性补足客观危害性,使得预备行为从整体上达到严重社会危害性的程度,成为刑罚处罚的对象。依照这种思路,预备犯认定的核心是行为人的主观恶性,这与主观主义的精神不谋而合,所以说预备犯规定的适用现状带有强烈的主观主义色彩。

行为的社会危害性判断时要综合考量行为的客观方面和主观方面的内容,主客观之间要平衡。目前预备犯的认定过程中过于强调主观方面的内容,将一些客观上社会危害性很低的行为也纳入预备犯的范围中,这种思路推至极端的情况就是在犯罪认定过程中只考虑行为人的主观恶性,预备犯就会沦为处罚思想犯的工具,会造成主观归罪的不良后果。另外,从刑事司法程序的角度,犯罪的认定过于依赖主观方面的内容较容易滋生刑讯逼供、非法取证等负面因素,进而破坏正常的司法程序。

二、立法扩张导致的刑事风险

刑法分则中对预备行为单独规定的现象越来越多,尤其是在《刑法修正案(九)》的恐怖主义犯罪和网络犯罪中表现得尤为明显。这种立法扩张及时地应对社会风险,加大重大犯罪的打击力度,将犯罪防患于未然,营造出一种社会安全的氛围,但立法扩张的背后也暗藏重重隐患。

(一)破坏刑法的权威性

刑法分则中增加犯罪预备的立法规定目的是扩大犯罪预备行

为的处罚范围,但这些扩张性规定在司法实践中未必能够实际发挥效果,反而会因为立法规定的滥觞而有损法律权威。

其一,犯罪预备行为的立法扩张可能是一种象征性立法。象征性立法指的是特殊社会背景下,立法者设立法律规定以表达官方对社会问题的价值导向,并无实际效果。[①]部分新增实质预备犯的立法规定就体现了象征性立法的特质,例如《刑法修正案(九)》中新增"准备实施恐怖活动罪"这一规定,此罪名处罚的是为恐怖主义犯罪作准备的预备行为,属于实质预备犯的规定,根据北大法宝的数据检索,这一罪名自创设以来仅有 1 起案件适用。无独有偶,"强制穿戴宣扬恐怖主义、极端主义服饰、标志罪"这一实质预备犯的规定适用率为零。从内容上看,这类刑事立法规定表现出国家对打击恐怖主义犯罪的强烈意愿,以及对恐怖主义犯罪的强烈谴责,其存在有积极的社会价值,但司法适用效果欠佳,与象征性立法的定义吻合,可以理解为是一种象征性立法。[②]

刑法的任务是法益保护,而象征性立法的目的却不是法益保护,而是表达国家对某些行为的一种姿态,是安抚选民的一种方式,[③]其存在的正当性和合理性值得商榷。虽然近些年来象征性立法在各国的刑事立法中都有出现,但存在并不代表就是合理的,反之,这种立法缺陷十分明显:一是象征性立法侵害公民个人权利。国家权力与个人权利之间是此消彼长的关系,只有国家权力受到限制个人的权利才能得到保障,国家刑罚权的限制途径就是以法益保护作为刑事立法的必要性考量标准,存在需要刑法保护

①② 参见刘艳红:《象征性立法对刑法功能的损害——二十年来中国刑事立法总评》,载《政治与法律》2017 年第 3 期。

③ 参见[德]克劳斯·罗克辛:《刑法的任务不是法益保护吗?》,樊文译,载《刑事法评论》2006 年第 2 期。

的法益才有刑事立法的必要,象征性立法对法益的批判机能提出挑战,导致刑事立法缺乏限制,公民的个人权利也就得不到保障;二是象征性立法欠缺实效性。象征性立法设立的目的主要是为了表达国家的立场并未考虑实际作用效果如何,因此这类法律规定在司法适用过程中往往困难重重,一般情况下象征性立法规定的司法适用情况都不容乐观,若刑事立法规定无法在司法实践中发挥作用,则刑事立法规范功能性就会缺失,从长期来看将会影响法律本身的权威性。

刑法的确是国家治理的工具,但刑法并不是万能的,刑事处罚的范围一定要受到限制,为了应对风险社会一再利用象征性立法安抚民众,将保护的法益不断稀薄化,将会使得刑事立法的范围不受控制,刑罚权恣意扩张,可能会遭到反噬从而招致更为严重的法律风险。

其二,预备行为的立法扩张有情绪性立法嫌疑。理论上良好的法律应当是尊重并体现民意的法律,但民意的来源广泛且复杂具有不可测性,而当人们在群体中个人的自我意识容易丧失,群体成员往往容易受到暗示和轻信,产生非理性的情绪,[1]刑事立法受到这种情绪的干扰难以保证法律规范的客观性和理智。有学者认为虽然预备行为单独规定能够将刑事打击的范围向前延伸有积极的价值,但这种带有情绪的立法也存在一定的不合理。例如《刑法修正案(九)》新增的拒不履行信息网络安全管理义务罪,此罪设立的背景是网络犯罪蔓延趋势明显,网络诈骗、网络淫秽物品传播等行为严重影响人们的生活,网络犯罪的相关案件产生极坏的社会影响,民众对网络犯罪的怒火波及网络运营商,认为运营商为网络

---

① 参见[法]古斯塔夫·勒庞:《乌合之众》,陈剑译,译林出版社 2016 年版,第 24—25 页。

犯罪创造了条件也应该受到刑法规制,于是拒不履行信息网络安全管理义务罪为了平息民众的愤怒而被制定出来,这一规定的设置显然带有一定的情绪色彩。[1]然而,一方面从社会发展和科技进步的角度考量,不应该赋予网络运营者过多的刑事义务,就刑法保障法的地位而言不应将其作为社会治理的首选方案,尤其在新兴技术领域贸然使用刑事法律进行规制可能会在一定程度上阻碍科技的发展;另一方面情绪性立法的实践效果打折扣,拒不履行信息网络安全管理义务罪设立至今适用的案件数量是零,而且民众也并未因这一罪名的设立而减轻对网络犯罪的愤怒情绪。所以情绪性的立法不仅没有实际发挥作用,还有不当扩大刑事处罚范围的嫌疑。

(二)导致刑法与前置法关系的混乱

刑法分则中大量增加处罚犯罪预备的规定,可能会导致刑法与前置法的关系纠缠不清,容易造成行政处罚与刑事处罚难以区分的情况。[2]我国预备行为单独立法的规定中涉及内容最多的两个领域是恐怖主义犯罪和网络犯罪。首先,2015年《刑法修正案(九)》中增加了对恐怖主义犯罪预备行为单独处罚的立法规定,将强制穿戴宣扬恐怖主义、极端主义服饰、标志的行为纳入刑事处罚的范围,而2016年《反恐怖主义法》第80条规定:"强制他人在公共场所穿戴宣扬恐怖主义、极端主义的服饰、标志的行为,情节轻微的由行政机关处罚。"这表明《刑法》与《反恐怖主义法》的规定之间存在部分重合,导致刑罚处罚与行政处罚之间难以区分。这不

---

① 刘宪权:《刑事立法应力戒情绪——以〈刑法修正案(九)〉为视角》,载《法学评论》2016年第1期。

② 孙万怀:《违法相对性理论的崩溃——对刑法前置化立法倾向的一种批评》,载《政治与法律》2016年第3期。

是偶然现象,在网络犯罪的立法规定中也出现这样的情况。例如利用信息网络发布招嫖信息为卖淫活动创造条件的行为,行为人会因为在社交软件中发布招嫖信息而受到行政处罚,也有行为人因在微信朋友圈发布招嫖信息而受到刑罚处罚,为一般违法行为提供帮助的预备行为,有时被认为构成非法利用信息网络罪受刑罚处罚,有时又认为不构成犯罪而只受行政处罚。①之所以出现刑罚处罚与行政处罚界限不清,一方面是立法者为了预防犯罪将实行行为犯罪的处罚起点提前,将部分犯罪预备行为类型化,并单独规定为犯罪进行处罚,这就导致刑法规定与行政法规定在行为类型上容易出现重合,而司法解释未能及时地明确违法行为与犯罪行为相区分的定量因素,所以行政违法行为与刑事违法行为容易混淆;另一方面是因为立法者秉持着打早、打小的态度,希望通过立法手段扩大刑事处罚的范围,但因立法技术不成熟,在立法过程中运用了"等违法犯罪"这种容易引发歧义理解的词语,导致刑罚处罚范围逾越至行政处罚的范畴中,造成处罚不公的现象。

法益的概念存在解释机能和批判机能两方面的功能,前者是在法律规定制定以后作为刑法解释的内容出现,后者是在刑事立法之前或立法过程中发挥批判机能。"如果不存在值得刑法保护的法益,就不允许犯罪化",②法益的批判机能能够有效地限制刑罚处罚范围、保证人权,预备行为立法的扩张表明法益概念已经抽象化,而将法益的概念一再抽象化甚至完全放弃法益的概念而进行象征性立法,最终将会导致刑罚的滥觞。

---

① 行政处罚的案件参见江苏省徐州市睢宁县公安局睢公(西)行罚决字〔2018〕666 号行政处罚决定书,刑事处罚的案件参见新疆维吾尔自治区乌鲁木齐市沙依巴克区人民法院(2018)新 0103 刑初 581 号刑事判决书。

② 〔日〕关哲夫:《现代社会中法益论的课题》,王充译,载《刑法论丛》2007 年第 2 期。

第二章

预备犯处罚范围思考的理论前提

第一节　我国立法语境下
预备犯内涵的界定

一、预备犯的刑事立法规定存在争议

我国处罚预备行为的立法规定分为总则的规定和分则的规定两种,但无论是总则规定还是分则规定中都没有明确"预备犯"的内涵,《刑法》总则第 22 条规定中对犯罪预备进行了概括性描述,同时规定了构成预备犯应当如何处罚,但并没有对预备犯的概念进行明确,刑法分则中虽然也有处罚预备行为的规定,但是也没有涉及预备犯概念的规定。刑法中处罚预备行为的立法规定很容易辨别,但预备行为与预备犯是两个不同的概念,处罚预备行为的刑事立法规定不能直接认定为预备犯的刑事立法规定。

预备犯的概念属于我国刑事立法中的空白地带,需要学理上

预备犯的定义补充刑事立法的空白,我国刑法理论界定义预备犯的方式有两种,第一种是结合我国刑法规定和预备犯的特征,将预备犯定义为:"已经实施犯罪的预备行为,由于行为人意志以外的原因未着手犯罪的是预备犯。"①第二种是直接援引大陆法系刑法理论中预备犯的概念,认为预备犯分为形式预备犯和实质预备犯,形式预备犯是指犯罪预备行为的处罚要依附于其目的指向犯罪的既遂构成要件,预备犯的构成要件属于修正的构成要件,我国《刑法》总则第 22 条是形式预备犯的规定;②实质预备犯是指立法者在刑法分则中对相关预备行为独立设置成罪,③例如分则中的"伪造、变造金融票证罪""伪造假币罪"等犯罪都属于实质预备犯。依照这种理论观点,"预备犯"是"形式预备犯"和"实质预备犯"的上位概念,也就是说实质预备犯属于预备犯的类型之一,两者处罚的对象都是犯罪预备行为,所以无论是总则预备犯的规定还是分则中实质预备犯的规定都属于预备犯的刑事立法规定,这种观点已经被我国刑法学界大面积接受并在理论研究中广泛应用。④

通过分析两种预备犯的定义可以发现针对预备刑事立法规定所涵盖的内容理论界存在分歧。若采用第一种方式定义预备犯,则刑法分则中处罚预备行为的规定不属于预备犯的规定,刑法分则的规定有独立的罪名和构成要件,是类型化的实行行为,根据刑法基本理论,着手之前的行为是预备行为,着手之后的行为是实行

---

① 马克昌:《论预备犯》,载《河南法学》1984 年第 3 期。

②③ 商浩文:《预备行为实行化的罪名体系与司法限缩》,载《法学评论》2017 年第 6 期。

④ 胡陆生博士 2003 年发表在《安徽警官职业学院学报》上的《犯罪预备立法及概念之比较》一文、梁根林教授 2011 年发表在《中国法学》上的《预备犯普遍处罚原则的困境与突围——〈刑法〉第 22 条的解读与重构》一文、商浩文博士 2017 年发表在《法学评论》上的《预备行为实行化的罪名体系与司法限缩》一文中均将预备犯分为形式的预备犯(从属的预备犯)和实质的预备犯(独立的预备犯)。

行为,预备行为与实行行为是互相排斥的两种行为类型,分则规定既然是处罚实行行为的刑事立法规定,就不可能是处罚预备犯的刑事立法规定。而根据第二种预备犯的定义,凡是处罚预备行为的立法规定都属于预备犯的规定,即刑法分则和总则中处罚预备行为的规定都属于预备犯刑事立法规定的内容。

二、预备犯与独立处罚预备行为的犯罪相区分

(一) 预备行为的事实概念与规范概念的区分

预备犯内涵理解存在纷争的原因之一是对"预备行为"的理解存在分歧,预备行为可以有双重理解:一种是从事实层面上的理解,按照事实发生的顺序,犯罪人先有犯罪的意图,在犯罪意图的指引之下为犯罪的实现做一定的准备活动,例如基于杀人的故意买刀,买刀的这个举动就属于预备行为,之所以将买刀的行为界定为预备行为,实际上是对买刀行为和杀人行为之间关系的一种事实性描述。若从事实层面上使用"预备行为"概念时,刑法总则的规定和分则的规定都属于预备犯的刑事立法规定,也就是说预备犯的内涵包括总则规定的预备犯和分则规定的预备犯两部分。另一种是从规范层面上的理解,根据我国刑法的规定,犯罪行为纵向分类可以分为犯罪预备行为和犯罪实行行为,其中犯罪实行行为是刑法分则规定的构成要件客观方面的行为,具有法益侵害的类型化特征,而预备行为发生在实行行为之前是为犯罪准备工具、制造条件的行为,预备行为与实行行为是互相排斥的两种行为类型,预备行为是构成预备犯的前提,而实行行为不能构成预备犯,预备行为与实行行为相区分,且这两种行为对应不同的犯罪类型。[①]从

———————————

① 何荣功:《论实行行为的概念构造与机能》,载《当代法学》2008 年第 3 期。

规范层面上使用"预备行为"概念时,预备犯仅指的是刑法总则中规定的预备犯。

预备犯这一概念指代的对象是构成犯罪受刑法处罚的特定行为类型,所以对预备犯定义时采用的应是规范层面上的预备行为的概念,并非所有在事实层面上表现为为犯罪作准备的行为都能构成预备犯,只有规范意义上的预备行为才能构成预备犯,成为刑罚处罚的对象。将总则的规定和分则的规定都认为是预备犯的刑事立法规定,实际上是未将事实上的预备行为与规范意义上的预备行为相区分,使得刑法分则中规定的行为既有预备行为属性又有实行行为属性,[①]导致实行行为的价值被消解,依托于实行行为的罪刑法定原则也受到威胁。界定预备犯的内涵应以规范层面上的预备行为概念为基础,将预备行为与实行行为明确区分,也就是说仅有刑法总则中处罚预备行为的规定才是预备犯的刑事立法规定。

(二) 我国刑事立法规定与国外刑事立法规定相区分

预备犯内涵理解存在纷争的原因之二是没有将我国预备犯的刑事立法规定与国外的刑事立法规定相区分。以日本为代表的大陆法系刑法理论中将预备犯分为形式的预备犯与实质的预备犯,我国刑法学界未加修改直接将这种分类移植到我国刑法理论中,认为无论是刑法总则还是刑法分则中处罚预备行为的规定都属于预备犯的规定。然而,我国预备行为的立法规定与日本刑法中预

---

① 我国刑法理论中通常将分则中处罚预备行为的单独规定称之为预备行为的实行化,事实上"预备行为实行化"这个概念本身存在一定问题,从规范层面上看,预备行为和实行行为是严格区分的不同类型的行为,预备行为和实行行为之间不能发生转换,换句话说构成犯罪的行为要么是实行行为要么是预备行为,不存在既是实行行为又是预备行为的可能性。我国语境之下实质预备犯是刑法分则单独规定的罪名,所以从规范层面上构成实质预备犯的行为本质上属于实行行为。

备行为的立法模式存在本质差异，在立法背景不一致的前提下直接引进预备犯的概念值得商榷。

日本刑法典总则中没有处罚预备行为的规定，仅在分则之中以独立罪名的方式规定处罚预备行为，具体的规定方式有两种：一种是形式预备犯的规定，即法条本身明确显示特定犯罪的预备行为为独立的犯罪类型，例如"预备杀人罪"或者"预备内乱罪"；另一种是实质预备犯的规定，这类规定虽然形式上不是以特定罪名的预备犯为名，但从构成要件来看，实际上就是将其他犯罪的预备行为规定成罪，例如伪造货币罪、非法持有枪支罪等。[①] 根据预备行为的立法情况，大陆法系国家将这两种处罚预备行为的规定都纳入预备犯的范畴中，将预备犯作为形式预备犯和实质预备犯的上位概念。而我国处罚预备行为的立法规定在总则和分则中均有体现，虽然刑事立法中没有直接对预备犯的概念进行阐释，但结合我国刑法规定的体系结构和刑法学基本理论常识，预备犯对应的是一种故意犯罪的未完成形态，与其他犯罪未完成形态相同，预备犯的处罚既要依附于刑法分则规定的特定罪名，还要根据刑法总则中的规定，所以其与未遂犯、中止犯一样应该是规定在刑法总则中的内容。因此，在我国立法背景之下，预备犯与所谓的"实质预备犯"之间并不存在包含关系。

刑法理论的借鉴和吸收要考虑到各国的立法背景的差异，在不同的法域之下，"预备犯"这一概念所表达的内涵也有所不同。从我国现有的刑事立法内容出发，预备犯指的是为了实施犯罪准备工具、制造条件，但由于意志以外的因素未能着手的行为。对预备犯处罚既要从属于具体犯罪的规定，也要依照《刑法》总则第22

---

① 黄荣坚：《基础刑法学》，元照出版有限公司 2012 年版，第 477 页。

条的规定。事实上我国预备犯与日本刑法理论中形式预备犯的构成有相似之处,构成我国预备犯和形式预备犯的行为都不具有定型性,且认定和处罚时都要依从于独立罪名的法律规定,而日本刑法理论中实质预备犯的规定,虽然在我国刑法分则中也能找到与之相对应的规定,但并不属于预备犯的规定。

综上所述,构成预备犯的行为应当是规范层面上的预备行为,且从我国刑法规定的整体构造来看,总则中处罚预备行为的规定与分则中处罚预备行为的规定应该对应两种不同类型的犯罪,结合预备犯特征和体系地位,总则中处罚预备行为的规定才是预备犯的规定。

第二节　预备犯规定的理解误区:
普遍处罚原则

当前社会背景之下,顺应社会需要将刑法处罚前置化已经是大势所趋,而实现刑罚处罚前置化的方式之一就是在原有司法实践的基础上扩大预备行为的处罚范围。以德国和日本为代表的一些国家仅在分则中通过具体罪名的设置处罚预备行为,基于这种立法模式,扩大预备行为的处罚范围只能通过不断增加刑事立法规定。当分则中处罚预备行为的规定相对较少时,刑法以处罚实行行为为原则,处罚预备行为为例外,但随着处罚预备行为的规定逐渐增多,预备行为例外处罚的原则就很难被坚守。因此在这些国家,刑法分则中不断增加的处罚预备行为的规定与总则规定中要求的例外处罚预备行为之间的矛盾渐渐凸显。比较而言,我国预备犯的刑事立法规定体现出一定的优越性,因为我国刑法总则中预备犯的规定概括性地赋予司法机关处罚预备行为的权力。但遗憾的是通过对预备犯司法适用现状的总结发现,预备犯规定的司法适用情况不容乐观,无论是重罪的预备行为还是轻罪的预备行为都被纳入刑事处罚的范围,预备犯的认定和处罚缺乏统一的标准,恣意性较强,导致社会危害性较低的行为也被刑罚处罚,而一些相对而言危害性较高的行为却没有被处罚,这种混乱的司法适用情况使得预备犯立法规定的优势难以发挥,而且还可能会违反刑法的基本原则和基本理念。鉴于此,应当对刑法总则中预备犯规定的价值进行重新评估,充分利用已有预备犯规定的优势,明确预备犯规定的适用范围,这样既能防止不当扩大或限缩刑事处罚范围,还能够有效回应社会的需求,规避刑事立法扩张带来的隐患。而若想明确预备犯的成立范围,首先要从宏观上把握预备犯的处罚原则,换句话说,预备犯处罚原则的厘清是明确预备犯成立范围的基础和前提。

一、普遍处罚原则不具有约束力

理论界通说观点认为预备犯应当遵循普遍处罚的原则,即犯罪预备行为应当一律处罚。但司法大数据统计结果却表明司法实践中处罚预备犯的案件数量相对较少,司法实践并没有按照通说的观点处罚全部犯罪的预备行为,而是处罚部分罪名的犯罪预备行为。持通说观点的学者认为,预备犯的普遍处罚原则与司法适用率低的矛盾是司法实践与刑事立法脱离的表现,甚至认为预备犯司法适用率低导致《刑法》第 22 条的规定被长时间架空,违反罪刑法定的要求,动摇了法律的权威性和实效性。[1]司法实践中处罚

---

① 梁根林:《预备犯普遍处罚原则的困境与突围——〈刑法〉第 22 条的解读与重构》,载《中国法学》2011 年第 2 期。

预备行为的实际情况与普遍处罚的通说观点之间确实存在矛盾，但这两者之间的矛盾并不是立法与司法之间的矛盾，只是司法实践与学理解释的冲突。

首先，预备行为普遍处罚原则仅是一种学理解释而不是刑事立法规定的内容。学者们针对预备行为的刑事处罚范围问题对立法规定作出解读并形成了通说观点。我国《刑法》第 22 条中仅规定了构成预备犯的主客观方面要件和预备犯的量刑规则，条文之中没有"预备行为处罚范围"相类似的字眼，更没有类似于"处罚所有犯罪预备行为"这样的规定，所以刑法条文本身并没有对预备犯的处罚范围进行界定，也正因如此刑法学者才意图通过理论层面上的解释确定预备犯的处罚范围。一般情况下刑事立法规定的内容是相对确定的，例如刑法规定"已满 16 周岁的人犯罪，应当负刑事责任"，根据规定对于已满 16 周岁的人是否要负刑事责任的问题答案是确定、唯一的。但有时法律规范是概括的、抽象的，需要法律解释具体的填充，在司法实践中才具有可操作性。预备犯的立法规定就属于抽象的法律规定，需要法律解释才能具体适用。法律解释分为有权解释和无权解释，有权解释指的是立法机关或司法机关的解释，而无权解释是学理解释。有权解释具有法律上的约束力，所以相对具有明确性，而无权解释不具有法律上的约束力，且解释主体具有多样性，因而不同的学理解释之间难免存在争议和分歧。预备犯刑事立法规定可以有多种理论解读方式，除了普遍处罚原则之外还有学者提出可罚的预备行为理论，认为根据立法规定仅有部分预备行为够构成预备犯，具有可罚性。[①]当前并没有法律规范文件记载立法机关或司法机关规定预备行为应普遍

---

① 吴亚可：《我国可罚预备行为的立法规定方式检讨——可罚预备行为正犯化之提倡》，载《刑法论丛》2018 年第 2 期。

处罚,所以普遍处罚原则是学者们结合刑事立法背景和刑法学基本原理解释而形成的多数派意见。其次,即使是占据通说的学理解释与刑事法律规范之间的效力也不能等同,刑事法律规定和针对法律规定的有权解释对司法实践具有约束力,司法机关认定犯罪必须依照刑事法律规定和立法、司法解释规定,但学理解释对司法实践没有约束力,充其量不过能起到指导司法实践的作用。将普遍处罚原则直接等同于刑事立法规定的内容无疑是在偷换概念,这将导致普遍处罚原则与预备犯司法适用现状之间的矛盾定性错误,不能对预备犯司法适用的现实情况作出客观评价。最后,将普遍处罚原则理解为预备犯规定中的内容,意味着司法机关在实践中没有处罚所有犯罪的预备行为就是故意违反刑事法律规定、轻纵犯罪,结合预备犯的司法适用现状,这表示司法机关在处罚预备行为的问题上违反刑事立法规定、轻纵犯罪,而且已经成为一种长期的、普遍现象。若果真如此,司法机关和立法机关早就会对如此明显的法律漏洞进行修改,不会放任司法实践违反刑事立法规定成为一种常态,而仅处罚部分犯罪的预备行为在实践中一直延续,表示预备犯的司法适用并未违反刑事立法规定。因此,普遍处罚原则与预备犯处罚司法现状之间的矛盾是理论与实践的断裂而不是立法与实践的脱钩。若预备犯处罚原则是刑法规定中直接表述的内容,司法机关不处罚犯罪预备行为就是枉法裁判,没有回旋的余地,但普遍处罚原则仅是学理上的解释,那么司法机关不处罚犯罪预备行为是否合法、合理还有讨论的空间。

二、普遍处罚原则的缺陷

理论层面上刑法学界通说观点认为,犯罪预备行为应当以一律处罚为原则,这是结合当时的刑事立法背景,探求刑事立法者立法原意的解释结论,由于思维惯性过于强大,这种对预备行为处罚原则的逻辑贯彻至今。司法机关在实践中受到普遍处罚原则的影响,认为所有犯罪预备行为都具有可罚性,不仅对重罪的犯罪预备行为进行处罚,轻罪犯罪预备也是刑罚处罚的对象,这种处罚原则的适用看似能够有效严厉地打击犯罪、预防犯罪,但通过实践的考察和理论的分析发现,普遍处罚原则存在着一定的缺陷:

(一)普遍处罚原则与犯罪概念的规定存在矛盾

首先,刑法学界通说认为我国《刑法》第13条规定的犯罪概念是形式合理性和实质合理性的统一,第13条除了总括性地规定了应受刑罚处罚的行为之外,还特别强调"但是情节显著轻微危害不大的,不认为是犯罪",这部分内容被称之为"但书"。"但书"的规定将"定量分析"的方法应用到刑法领域,开创了我国独有的"定性＋定量"的犯罪概念规定模式。①这意味着犯罪除了具有社会危害性、刑事违法性和应受刑罚惩罚性这三个特征之外,其行为的社会危害也要达到特定程度才值得刑法介入,定量要素的要求有效地限制事处罚的范围,具有保证罪刑均衡原则和保障人权的功能。②

然而,犯罪预备行为的社会危害性未必都能够达到刑罚处罚的程度。犯罪预备行为的社会危害性从两个方面衡量:一方面是行为的客观危害性。预备行为不可能直接侵害刑法所保护的法益,只是创设了侵害法益的危险,依据危险递增理论,"危险递增到一定的量,国家刑罚权的介入才是正当、必要的"。③所以即使没有

---

① 无论是英美法系国家还是大陆法系国家刑事立法规定中仅有定性的规定而没有定量的要求,而我国定性＋定量的犯罪认定模式在经历了多年实践之后体现出一定的优越性,也逐渐成为其他国家学习的对象。

② 储槐植、张永红:《刑法第13条但书的价值蕴涵》,载《江苏警官学院学报》2003年第2期。

③ 李海东:《刑法原理入门》,法律出版社1998年版,第138页。

造成直接法益侵害,仅造成法益侵害的危险也有刑罚处罚的必要性。但结合现实情况来考察,会发现很多预备行为与法益侵害之间相距甚远,行为造成的间接危险很微弱,达不到刑罚介入的程度。另一方面是行为人的主观恶性。行为人在认识层面上明知自己的行为是为犯罪作准备的活动,在一定程度上能够认识到行为的危害性、危害结果和因果关系,虽然主观意图不完全清晰,但是也有希望实行行为导致危害结果发生的心态,行为人的主观恶性与未遂犯、既遂犯相比差距不明显。判断预备行为的社会危害性时,要根据行为的客观危险和行为的人主观恶性主客观相统一进行综合判断,即使预备行为的主观恶性很高,但行为的客观危险性较低时,也不能认为预备行为的社会危害性很高。

因此,若按照预备行为普遍处罚原则的理解,凡是犯罪预备行为都应受到刑罚处罚,那么预备犯的认定就突破了犯罪认定定量因素的要求,依据普遍处罚原则的观点,社会危害程度不高的预备行为也可以被刑罚处罚,普遍处罚原则与刑法"但书"之间的矛盾凸显出来。也有学者针对这一问题进行回应,认为"但书"的出罪机能恰好限制预备犯的认定。犯罪的司法认定分为两个步骤,第一步是形式判断,即判断行为是否具有构成要件符合性;第二步是实质判断,若行为"情节显著轻微、危害不大的"就不认为是犯罪,"但书"的出罪功能在实质判断的过程中发挥作用。[1]诚然,刑法总则对分则有指导意义,判断刑法分则规定的实行行为的犯罪时,"但书"发挥限制处罚的机能有一定的合理性,但是预备犯是刑法总则的规定,《刑法》总则第 22 条和第 13 条的地位应该是平等的,优先适用"但书"的规定以压制预备犯规定适用的理由何在?这种

---

① 参见王昭武:《但书的机能是入罪限制条件》,《上海法治报》2018 年 7 月 4 日 B06 版。

通过犯罪概念规定限制预备行为处罚范围的观点缺乏证明依据，不具有说服力，未能消解普遍处罚原则与犯罪概念之间的矛盾。

（二）普遍处罚原则在司法实践中无法实现

20世纪60年代，德国刑法学者玛拉哈在《德国刑法总论》中就曾表达这样的观点："犯罪预备原则上不可罚的，理由一是基于证明技术的要求，二是基于刑事政策的要求。"①根据这一表述，以德国为代表的大陆法系国家原则上不处罚犯罪预备，部分原因是考虑到预备犯主客观方面证明上存在困难，即使刑事立法中概括性地对预备犯进行规定也不能在实践中实际发挥作用，从我国当前预备犯的处罚现状来看，这种观点不可不谓之"先见之明"。

首先，预备犯犯罪构成的证明内容比较复杂。在刑事诉讼中有两方面的事实需要证明，即实体法和程序法事实，其中实体法事实中犯罪构成要件的内容是证明的重点。②具体到预备犯的刑事证明中，一方面要证明行为人客观上实施了为犯罪准备工具或制造条件的行为，且犯罪在预备阶段就停止下来；另一方面要证明行为人主观上有为了犯罪作准备的故意，对目的犯罪主观上也持有故意，还要证明行为人预备行为停下来是由于意志以外的因素。从认定预备犯所需要证明的内容来看，客观行为和主观心态之间是相辅相成的关系。一方面证明行为人客观上有行为不难，难的是证明其是在"为了犯罪"这一主观目的支配之下实施的行为。为了将预备行为和实行行为相区分，合理限制犯罪预备的范围，预备犯中的"为了犯罪"通常理解为"为了实行犯罪"，基于这一前提在主观要件证明时要证明行为人认识到自己是在为本人或他人的犯罪实行行为服务，并希望自己的行为对危害结果发生起到促进作

---

① 马克昌：《预备犯比较研究》，载《中央检察官管理学院学报》1993年第1期。
② 参见闫春雷：《刑事诉讼中的程序性证明》，载《法学研究》2008年第5期。

用;另一方面行为人主观要件的确定需要依据其客观行为的表征体现出来。总而言之,司法机关认定预备犯时需要在主观要件和客观要件的证明中来回反复,而且与一般实行行为犯罪相比,预备犯的认定既要证明有目的犯罪的存在,还要证明构成预备犯的主、客观要件,所以预备犯的证明内容比较冗杂、琐碎。

其次,预备犯主观要件的证明存在难度。正如我国台湾学者黄荣坚所说:"无论预备行为触发了多严重的法益侵害的危险,若没有办法确认一个人存在不法意志就对其进行处罚,恐怕是将人类毫无节制的工具化。"[1]预备犯主观要件的证明是司法机关认定预备犯的必要步骤,具体的证明方法有两种,一种比较简便的方法是通过直接证据证明,即通过犯罪嫌疑人或被告人对自己行为的目的、意图的交代,[2]另一种是依靠间接证据,即"借助收集到的客观证据例如行为轨迹等信息来揭示行为人主观的犯罪心理"。[3]这两种方法相比较时,后者更为学术界和实务界推崇,一方面出于个人自我保护的本能,不能期待行为人主动如实交代自己的意图和目的,就像伪证罪的犯罪主体中不包括犯罪嫌疑人,因为不具有期待可能性;另一方面过分依赖口供也会致使刑讯逼供等不良司法现象的发生,毕竟因刑讯逼供而导致的冤案也不是未曾发生过。以客观行为表征推理行为人主观要件时,部分预备行为与正常社会生活相悖,结合其他案件事实可以从客观行为表现中推理出其犯罪的意图,例如大量购买制造爆炸物的原料、购买全套组装枪支的零件等行为,但还有部分行为与正常生活行为很相似,很难单从

---

[1] 黄荣坚:《基础刑法学(下)》,中国人民大学出版社 2009 年版,第 310 页。
[2] 吴丹红:《犯罪主观要件的证明——程序法和实体法的一个联接》,载《中国刑事法杂志》2010 年第 2 期。
[3] 参见罗大华、何为民:《犯罪心理学》,中国政法大学出版社 2007 年版,第 55 页。

客观行为中推论出行为人的主观意图,例如购买杀虫剂的行为或是购买家用水果刀的行为,这类行为的主观方面很难证明。同时,为了区分犯罪预备过程中的中止犯和预备犯,在主观方面还需要证明行为人停止实施犯罪预备行为是由于意志以外的因素。再加上我国刑事诉讼的证明标准要求达到"案件事实清楚、证据确实、充分"的程度,使得预备犯主观要件的证明难度升级。

最后,刑事证明上的困难是阻碍预备行为普遍处罚原则实现无法逾越的鸿沟。依照普遍处罚原则的要求,处罚所有犯罪的预备行为是强制性要求,司法实践中侦查机关对所有疑似实施犯罪预备的行为人都要考察其主观想法,这就很不切实际,退一步说,即使侦查机关真的尽力去调查所有疑似的犯罪预备行为,考虑证明预备犯犯罪构成的难度,真正能被认定为犯罪的可能性也不大。因此倘若要彻底贯彻"普遍处罚原则",势必走向如下两种结局:或是经由某些立法途径或司法规则,将某类犯罪预备行为的证明简化从而变相为司法机关"减负",如美国刑法中对"共谋罪"证明的要求,只要有"情况证据"的存在即认为存在共谋协议,主观上有罪过,不需要其他证据来证明共谋协议,[①]有学者将这种证明规则攻评为"对控方而言是提供了如此巨大的优势,以至于可以认为被告方将被不公正的决定,不公正的刑罚";[②]或是在实践中进行普遍的选择性处遇,处罚一些证据较好的案件而轻纵一些难以证明的案件。无论哪一种操作都是明显与刑事法治所要求"司法公正"与"平等保护"的基本理念相悖的,预备犯认定过程中司法的证明困

---

① 参见储槐植、江溯:《美国刑法》,北京大学出版社 2012 年版,第 110 页。

② 杰克逊大法官认为"现代刑法中应有共谋罪的一席之地,是因为相较于孤立无援的执法者而言,犯罪方可能能动用比警方更庞大也更危险的资源和力量"。See Phillip. E. Johnson,"The unnecessary crime of conspiracy",61:5, California Law Review,(1973)1138.

境现实存在且在短时间之内无法消除,因此预备行为全部处罚在司法实践中很难落实。

(三)普遍处罚原则欠缺必要性

首先,目的层面上普遍处罚的必要性欠缺。从拿破仑刑法典开始,许多国家的刑法典中都规定以实行行为开始作为可罚性的起点,刑事立法者将具有直接法益侵害性的行为或具有法益危险的行为类型化,一方面保证国民对自己行为的法律性质及结果具有预测可能性,另一方面对国家刑罚权的适用范围进行限制,这表现出刑事立法重视保障国民自由,体现了民主、法治的思想。处罚实行行为为原则在一段时间内被大多数国家所接受,但是这一原则在社会发展进程中不断受到冲击,当代各国刑事立法的规定中或多或少都有处罚未遂行为和预备行为的规定。理论学者针对这种立法的变化给出理由,一种观点认为虽然预备行为本身的社会危害性相对较低,但为了保护重大法益不受威胁有必要处罚具有法益侵害危险的犯罪。[①]这种观点侧面说明刑法所保护法益有重大法益和非重大法益之分,例如从基本的伦理常识的角度,人的生命权要比财产权更为重要,所以不宜将所有的犯罪预备都纳入刑事处罚的范围,否则就背离了刑法的目的。还有一种观点认为刑罚的目的在于维护法规范的效力,突破实行犯的枷锁将刑事处罚范围扩张至预备行为,因为预备行为"动摇了公众对于法秩序的信赖",[②]即行为人透过法敌对的意识操控外部活动,致使大众产生法动摇的印象所以要处罚。但根据生活常识很多犯罪预备行为客

---

① 舒洪水、许健:《预备犯的处罚根据》,载《云南大学学报(法学版)》2011年第1期。

② [德]托马斯·魏根特:《刑法未遂理论在德国的发展》,樊文译,载《法学家》2006年第4期。

观的外部表现与日常生活一样,犯罪预备行为根本不会造成实际的法益侵害的后果,惹起的危险也是抽象难以察觉的,所以即使认为刑法的目的在于法规范效力的维护,处罚全部的犯罪预备行为与刑法目的也不一致。

其次,普遍处罚原则不符合司法效率的要求。司法效率不能简单地理解为司法投入和产出的比例,这是机械地将经济学中效率的定义搬到司法程序中,实际上司法诉讼程序是极其复杂的,参与诉讼程序各方的投入和产出方向都不一致,无法通过这个简单的公式计算出司法效率。司法效率指在保证司法公正的前提之下,运用既有司法资源最大化地审理案件,司法效率所针对的对象主要是司法机关工作人员。①司法效率与司法公正是一对对应的概念,刑事司法中始终强调司法公正的重要性,直到近些年来司法效率才逐渐被重视起来,波斯纳认为:"程序制度在精确和成本之间追求最大的交换价值。"②这说明司法效率与司法公正之间虽然可能存在一定的矛盾,但这两者之间本质上具有一致性,正所谓迟来的正义非正义,优化司法资源配置提高司法效率也是保证司法公正的重要保障。③在刑事诉讼中案件的处理有轻重缓急之分,司法资源的分配与犯罪的严重程度之间不无关系。社会危害性较大或造成的社会影响较大的犯罪,应该动用比较多的司法资源对犯罪行为定性和处罚,通过及时对法规范确证发挥刑法一般预防的功能,而预备犯不可能造成法益侵害的后果。相比较而言明显属于社会危害性较轻的犯罪行为,没有必要浪费大量的司法资源去

①　刘练军:《司法效率的性质》,载《浙江社会科学》2011年第11期。
②　[美]理查德·A.波斯纳:《法律的经济分析》,蒋兆康译,中国大百科全书出版社1997年版,第262页。
③　参见程关松:《司法效率的逻辑基础与实现方式》,载《江西社会科学》2015年第8期。

处罚全部的预备行为,而且若遵从普遍处罚原则的要求,在预备犯的认定和处理中调配大量的司法资源反而会使一些社会危害性较为严重的犯罪不能得到及时的处理,所以从司法效率的角度预备犯的普遍适用原则着实没有必要。

最后,刑事政策层面上普遍处罚原则的反思。由于犯罪现象更新换代比较快,刑事立法本身又具滞后性,为了维护社会秩序,刑事政策成为犯罪治理中必不可少的内容。①法国学者安塞尔认为:"刑事政策是由社会认定法律所处罚的犯罪和保护高尚公民时的选择,社会是一个抽象的概念,代表社会做出判断的是立法者和法官。"②刑事政策的核心是随着社会的需要调整刑事处罚的范围。刑法分则中实行行为都有类型化的规定,所以处罚实行行为毫无疑问具有正当性,而处罚预备行为则是刑事法理的正当性与刑事政策的必要性之间的妥协,③即预备犯的处罚本身从形式上欠缺刑事处罚的必要性,但是国家为了有效治理犯罪不得已将一些可能威胁到重大法益的预备行为纳入处罚范围,这是刑事立法者迫不得已作出的让步,所以若预备犯遵循普遍处罚原则,就是以刑事政策的要求为借口瓦解刑事处罚正当性理论。

综上所述,若预备犯的适用遵循普遍处罚原则,理论层面上预备犯的刑事立法规定与犯罪概念的立法规定之间就存在冲突,刑法体系内部的协调性被破坏,实践层面上司法证明的困境使得预备行为的普遍处罚很难落到实处,而且从刑事政策的角度,处罚所

---

① 卢建平、姜瀛:《治理现代化视野下刑事政策重述》,载《社会科学战线》2015 年第 9 期。

② 参见马克·安塞尔:《新刑法理论》,卢建平译,香港天地图书有限公司1990 年版,第 12 页。

③ 参见梁根林:《预备犯普遍处罚原则的困境与突围——〈刑法〉第 22 条的解读与重构》,载《中国法学》2011 年第 2 期。

有的犯罪预备行为既是司法资源的浪费,也无益于社会的治理和公民权利的保障。虽然预备行为普遍处罚原则在理论界和实务界已经根深蒂固,但这种传统思想存在错误就应当进行纠正,否则预备行为的处罚就永远处于一种暧昧不清的状态,影响犯罪的正确认定,损害刑事法律规范的权威,基于此应当对预备犯的刑事立法规定进行重新解读。

第三节　预备犯规定的应然解读:
限制处罚原则

一、预备犯规定解释立场的应然选择

刑事法律解释是立法者、司法机关或理论学者将法律规范中抽象的语言文字具体化、个别化的过程,根据解释目标的不同分为主观解释和客观解释。主观解释追求的是揭示立法者原意,而客观解释是在阐述法律规范内部合理的目的和意义,前者是要往回看强调尊重立法者的意愿,后者是要往前看强调适应现在或未来社会现状和法律现状。[①]针对预备犯的刑事立法规定,持主观解释论的学者结合预备犯的立法背景,推测立法者在制定预备犯立法规定时,原意是处罚所有犯罪预备行为,这也是目前理论界通说的观点。而持客观解释论的学者考虑到预备犯处罚的必要性,认为

---

① 参见苏力:《解释的难题:对几种法律文本解释方法的追问》,载《中国社会科学》1997年第4期。

根据刑事立法的规定,犯罪预备行为可被区分为可罚的犯罪预备行为和不可罚的犯罪预备行为。[①]基于不同的目的对于预备犯规定的解读是不同的,明确解释的立场是对预备犯规定进行重新解读的前提。

(一) 主观解释论的分析

主观解释是刑事古典学派所提倡的观点,巅峰是在19世纪西方资本主义国家,但到19世纪末期主观解释逐渐走下坡路,因为主观解释的缺陷很明显,主要包括以下几点:其一,所谓立法者的原意是个伪命题。刑事立法者不是一个独立的人而是一个机关,立法机关中有多个代表,具体哪个代表的意愿才是立法者的原意无法确定也不能确定,因为若将立法者原意集中于一个人意愿之中,就违背了民主法治的精神。也有学者指出可以将立法机关作为一个整体,这一整体达成的统一意见可以理解为立法原意,但刑事立法规定并非千古不变,可能历经多次修改,每次修改的机构组成人员都不同,这里的立法原意到底指的是哪一次规定中立法者的意愿? 所以立法者原意不是真实存在的,不过是学者或者实务工作人员为了自己的解释结论更具说服力找的借口而已。其二,退一步说即使真的有立法者原意,也并非是一成不变的。刑法罪刑法定原则立法实现前提是具备一个良法,现代民主法治国家中良法指的是能够体现民意的法律,事实上很多学者之所以强调探寻立法者原意,是将立法者原意等同于民意。法律的本质特征之一是代表统治阶级的意志,就我国的社会制度而言,法律代表的确实是最广大人民的意志,但是民意并非百世不易,随着时代发展,人民的物质文化水平提升的同时精神层面也更具包容性,例如原

---

① 吴亚可:《我国可罚预备行为的立法规定方式检讨——可罚预备行为正犯化之提倡》,载《刑法论丛》2018年第2期。

本认为具有犯罪属性的投机倒把行为到今天已经不再认为是犯罪。创造立法原意这个概念是为了总结民意,若将立法原意狭义地理解为实际执行立法权的代表的意愿,而不考虑民意的实际动态走向,这就有些本末倒置。①其三,立法原意无法适应社会的需求。朝令夕改的法律将会丧失权威性,法律修改程序也是个极为复杂的过程,所以刑法规范具有稳定性,相对来说内容很少改动,但社会发展的突飞猛进导致犯罪现象不断发生变异,刑事立法者在立法之时根本无法预见到犯罪形势的变化。例如非法经营罪最初被规定为犯罪时,立法者指的经营场所应该是现实世界的厂房、车间等场所,但是随着网络时代的飞速发展,电子商务早就与实体经济并驾齐驱,若还按照立法者原意适用法律规范一方面有放纵犯罪的嫌疑,另一方面也不能代表现代社会国民的意志。②刑事立法者不是预言家,其立法的内容要受到立法时社会环境和科技发展水平的制约,而对于司法者而言信奉立法万能论似乎也有些过于偏执。

　　然而,主观解释也并非一无是处,立法者的原意应该得到重视。其一,主观解释能够保证刑事法规内容的一致性。刑法规范自成体系内部结构应该具有连贯性,立法者制定刑法规定的时候遵循相同的立法精神,即以立法者原意为解释目的时才能保证法条之间互相不冲突。其二,主观解释能够维护刑法的权威性。虽然不推崇立法者万能论,但是还是要给予立法者足够的尊重和地位,若全盘否定立法者的价值事实上也削弱了刑法本身的权威性,刑法规范毕竟是立法者智慧的结晶,对刑法法条解释时完全抛开

---

① 参见张明楷:《刑法解释理念》,载《国家检察官学院学报》2008 年第 6 期。
② 参见王华伟:《网络时代的刑法解释论立场》,载《中国法律评论》2020 年第 1 期。

立法者原意不可能也不应该。其三,主观解释能够发挥保障人权作用。贝卡利亚认为:"当一部分法典业已厘定,就应逐字遵守,法官唯一的使命是判断公民的行为是否符合成文法律。"①贝卡利亚对司法解释十分排斥,认为司法解释会突破法律条文本身的规定,是造成擅断和徇私的源泉,法律解释应当遵循立法者的原意。②立法者与司法者的权力划分不同,若不加限制地赋予司法机关解释的权利可能会不当地扩大刑罚处罚范围,甚至会脱离成文法的限制,侵犯公民的自由和人权,主观解释在一定程度上能够起到限制刑事处罚范围保障人权的作用。

(二) 客观解释论的剖释

客观解释是刑事实证主义学派所主张的观点,从 19 世纪末期开始发展起来并逐渐取得优势,现如今已经占据通说地位。客观解释在现代刑法使用过程中体现出优越性:其一,客观解释能够激活法律规范的效力。法律适用的过程就是司法裁判者依据案件事实、法律规范,通过三段论的逻辑推演得出结论,确定法律后果的过程。裁判者要寻找可以适用的法律规范,将事实与规范相比对,在这一过程中不可避免地要涉及法律解释,所以法律解释是法律适用的必要前提。③刑法条文的表述有一定的局限性,而司法实践中面临的案件情况却是五花八门的,法律解释的功能应该是架构起事实和规范之间的桥梁,主观解释过于拘泥于刑法条文本身的涵义,客观解释才能将刑法条文的解释从立法者意愿中释放出来,缓解法律规定过于僵化的问题,使得刑法规定能够被灵活运用。

① [意]贝卡利亚:《论犯罪与刑罚》,黄风译,商务印书馆 2018 年版,第 22 页。
② 参见舒洪水、贾宇:《刑法解释论纲》,载《法律科学(西北政法大学学报)》2009 年第 5 期。
③ 参见梁慧星:《法解释方法论的基本问题》,载《中外法学》1993 年第 1 期。

其二,客观解释是为了打击犯罪的需要。刑法条文的规定是固定且很难变更的,但社会却处在不断发展变化之中,如何以不变的法律条文应对万变的社会形势? 这成为当今时代刑法适用过程中常常需要考虑的问题。根据生活常识传统信件所具有的功能电子邮件都具有,隐匿、毁弃普通信件和电子邮件相比,后者的危害性更强,举轻以明重,隐匿、毁弃普通邮件都可能受到刑罚处罚,隐匿、毁弃电子邮件没有排除刑事处罚的道理。再如,因为网络虚拟财产是为人所控制的,是有价值之物,而且有效用性,应该属于刑法意义上的财产,盗窃网络虚拟财产的行为也应当以盗窃罪论处。①基于客观解释论的立场,网络时代的"信件"应该包括"电子邮件"和"微信",网络虚拟财产也具财产的价值属性,应该属于盗窃等财产犯罪的对象。②从主观结合论的立场,这些行为就不能纳入刑事处罚范围之中,比较而言,客观解释论不会墨守成规,能够根据社会的需要调整刑事处罚范围,充分发挥刑法惩罚犯罪的功能。

然而,客观解释也并非是完美的,解释的限度问题是客观解释论的软肋。从法律适用的角度,持客观解释论的学者往往在处罚的必要性和刑法条文文意解释的边界之间徘徊,有时可能会强调处罚的必要性而突破刑法条文语义解释的内涵,违反罪刑法定原则,不当地扩大刑罚处罚的范围,③从权力分配的角度,客观解释赋予司法裁判者更多的自由裁量的空间,司法机关不谨慎使用就会成为法律的创造者而不是执行者,这将会导致司法权的逾越,对国家整体法制度产生负面影响。

---

① 参见赵秉志、阴建峰:《侵犯虚拟财产的刑法规制研究》,载《法律科学(西北政法大学学报)》2008 年第 4 期。

② 参见陈洪兵:《双层社会背景下的刑法解释》,载《法学论坛》2019 年第 2 期。

③ 参见尚勇:《刑法主观解释论的提倡》,载《法律方法》2018 年第 2 期。

（三）主、客观解释的比较选择

主观解释论和客观解释论都有各自的优缺点，不存在绝对正确或绝对错误的解释立场，只是面对具体的刑事法律问题时，其中一种法律解释立场能够体现出相对的优越性，在预备犯刑事立法规定的解释问题上，客观解释论的立场就更为合理。

首先，预备犯刑事法律规定的主观解释是个历史遗留问题。20 世纪 50 年代，我国的刑事立法经验比较浅薄，立法技术也不成熟，只能从社会制度相同的国家中借鉴立法的规定和立法思想。回溯预备犯的刑事立法历史，1979 年《刑法》确立预备犯刑事立法规定时立法者考虑得并不周全，机械性照搬苏联刑事立法内容和思路而没有本土化的过程，当时苏联基于特殊社会环境的需要将所有犯罪预备行为都纳入刑事处罚的范围，根据立法背景我国立法者的原意与苏联的立法精神一致，也认为预备行为应当全部处罚。然而，司法实践证明犯罪预备行为普遍处罚的规定本身是不合理的，俄罗斯的立法者已经意识到这一问题并进行了修正，俄罗斯现行《刑法典》第 30 条第 2 款规定："只对预备严重犯罪和特别严重犯罪追究刑事责任，对预备轻罪和中等严重犯罪的情况不追究刑事责任。"[①]这说明俄罗斯的刑法中已经不坚持犯罪预备行为普遍处罚，皮之不存，毛将焉附？当年刑事立法借鉴的原始版本已经修改完善，一意孤行地坚持立法原意的错误观点着实没有必要。实际上，就预备犯规定的主观解释而言，客观解释论者所担忧的立法原意无法探寻问题并不是障碍，但从司法实践情况来看，主观解释结论确实与社会发展现状和司法现状脱钩，所以预备行为普遍处罚这一主观解释结论确实应该修正。

---

① ［俄］伊诺加莫娃·海格主编：《俄罗斯联邦刑法》，黄芳、刘阳、冯坤译，中国人民大学出版社 2010 年版，第 115 页。

其次,预备犯刑事立法的客观解释更具有合理性。客观解释是从社会需求的角度对法律规定进行解释,具体到预备犯适用范围的问题上,应考虑这一规定的目的指向和现实情况,处罚预备犯是刑事处罚前置化的一种表现,根本目的在于维护重大法益的安全,社会也仅需要将重大犯罪的预备行为进行处罚以预防重大法益侵害的发生,从利益衡量的角度部分处罚预备行为就能够满足社会的需要,因此客观解释的角度支持部分处罚预备行为。在主观解释和客观解释的论战中,主观解释论者则批判客观解释论的核心在于客观解释是扩大解释和入罪解释,会突破刑事处罚的限度,不当地扩张刑事处罚范畴。但在对预备犯刑法条文解释时却恰恰相反,主观解释论得出的结论是预备行为普遍处罚,而客观解释论得出的结论却是部分犯罪预备行为处罚原则,明显依照主观解释论处罚的范围要比客观解释论处罚的范围更广,所以主观解释论指责客观解释会不当扩大刑事处罚范围在这里说不通。综合整理主观解释和客观解释各自的优缺点,针对预备犯法律规定条文应该采纳客观解释论的立场。

从法律解释的发展史来看,主观解释论和客观解释论之间是此消彼长的关系,随着主观解释论逐步退出历史舞台,客观解释论的地位也在不断提升,这背后是法律工具主义思想的崛起,法律工具主义是指法律的本质是实现一定社会目标的手段和工具。[①]刑事法律就是惩治具有严重社会危害性的犯罪行为、保护法益的工具,从这一角度看,犯罪预备行为只有威胁到严重犯罪的法益时才有处罚的必要。

---

① 田宏伟:《法律工具主义的"是""非"与法律信仰》,载《贵州社会科学》2011年第10期。

二、限制预备犯处罚范围的提倡

(一) 预备犯规定文意解读的回归

刑法学者在对预备犯刑事立法规定进行解读时,因为受苏联刑法理论的影响,认为所有犯罪预备行为都构成犯罪应受刑法处罚,所以"犯罪预备""预备行为"和"预备犯"这三个概念之间不予区分,但预备犯普遍处罚这种主观解释的结论已经被否定,对预备犯的刑事立法规定进行重新解读,那么对"预备行为""犯罪预备"和"预备犯"的概念和互相之间的关系也应当重新梳理。

首先,《刑法》第22条的两款规定之间衔接不畅。《刑法》第22条第1款规定:"为了犯罪,准备工具、制造条件的,是犯罪预备。"就这一款规定而言,"犯罪预备"包含两方面的意思,一是陈述了行为的客观方面和主观方面的特征,可以理解为是在对犯罪预备行为进行界定;二是犯罪预备也可以指犯罪实行前的一个独立的犯罪阶段。第2款规定:"对于预备犯,可以比照既遂犯从轻、减轻处罚或者免除处罚。"这款规定是对已经构成预备犯的犯罪人如何量刑的规定。从文意解释的角度,第1款规定的是犯罪预备行为的特征,也就是从法律上明确何种类型的行为是犯罪预备行为,第2款规定的是预备犯量刑规则,也就是在规定行为人构成预备犯后可能会面对何种刑事责任。从应然层面上,全部处罚犯罪预备行为欠缺必要性,从实然层面上,凡是预备行为就处罚也不现实,因此满足犯罪预备行为特征未必能构成预备犯,更无法直接过渡到犯罪量刑阶段,预备犯规定中,第1款的规定和第2款的规定之间不存在必然的因果关联。

其次,从文意解释的角度看,"犯罪预备"与"预备犯"是不同的概念。预备犯与未遂犯相似,都是犯罪未完成形态的一种,未遂的规定是:"已经着手实行犯罪,由于犯罪分子意志以外的原因而未得逞的,是犯罪未遂。"未遂犯的立法规定中对客观行为性质、主观心态及犯罪的起始点和终点都有要求,而《刑法》第22条的规定中虽然对预备行为进行了说明,但是并没有对构成预备犯的其他要素进行描述,对比得出刑事立法中没有预备犯的定义。学理上为了研究的需要,模仿未遂犯的刑事立法规定对预备犯进行界定,认为已经实施了犯罪预备行为,但因行为人意志以外的原因,未能着手实行犯罪的是预备犯。预备犯的学理定义概括性地描述了预备犯的特征,但从内容上来看"预备犯"的定义和现有的"犯罪预备"规定的内容并不完全相同,表明这两个概念的内涵是不同的,当然两者之间存在一定的联系,犯罪预备是构成预备犯的前提。

根据《刑法》第22条的文意解释,在特殊语境下犯罪预备与预备行为可以作相同理解,但犯罪预备与预备犯并不是同一个意思,实际上预备犯指的是犯罪类型而犯罪预备指的是犯罪行为,两者之间存在本质区别。依照刑法规定,所有的预备犯都具有可罚性,可以从轻、减轻或者免除处罚,但预备行为并非都具有可罚性,部分犯罪预备行为社会危害性较低,不可能构成犯罪,也就不具有刑事可罚性,犯罪预备是构成预备犯的前提,而只有构成预备犯的犯罪预备行为才具有可罚性,具体来说:

其一,预备行为要符合特定的形式要件。从事实层面上犯罪的准备活动具有多样性,经过规范评价后确定为犯罪预备的行为才能构成预备犯,有些行为虽然从事实层面上是预备行为,但是因为满足分则具体构成要件行为,就属于实行行为而不能构成预备犯。理论学者根据法律规定抽象出成立犯罪的条件,并总结出犯罪构成作为认定犯罪的形式标准,如同杀人罪的成立要以行为符合犯罪构成为前提,预备犯的成立也要符合特定的客体、客观方面、主体、主观方面要件,换句话说预备行为也要满足特定的犯罪成立条件才能构成预备犯。[1]

其二,预备行为要符合构成犯罪的实质要件。我国刑事立法中犯罪的规定采用立法"定性+定量"模式,要求刑罚处罚的行为具有严重法益侵害性的行为。[2]很多国家的刑事立法中,犯罪规定仅有形式上的要求,例如《德国刑法典》第90条第1款规定:"意图为自己或第三人不法之所有,而窃取他人之动产者,处五年以下有期徒刑或罚金。"在德国,只要有故意窃取他人动产的行为即可构成盗窃罪,而我国盗窃罪的成立除了有故意实施盗窃的行为之外还要求达到数额较大的程度,故意盗窃没有达到数额较大的程度是行政处罚的对象而不属于刑罚当罚的行为。所以在我国法律体系语境之下,与严厉的刑罚相对应,犯罪处罚的行为应当是具有严重法益侵害性的行为,基于此,刑罚处罚的预备行为也应当具有严重法益侵害的危险性。

理论层面上刑法规定的犯罪有轻重之分,设置高低不同的法定刑也侧面说明了这一问题。显而易见,不同类型犯罪预备行为的法益侵害程度也不一样,如聚众斗殴、寻衅滋事罪等犯罪,法定最高刑都没有超过10年有期徒刑,这类犯罪实行行为本身的法益侵害性就相对较轻,为轻罪作准备的预备行为的法益侵害性就更

---

[1] 我国刑法理论界犯罪构成理论四要件和三阶层的争论从未消亡,但事实上无论是三阶层理论还是四要件理论对犯罪认定的实质影响并不明显,这两种理论不是影响刑事立法或刑事司法的刑法问题,而不过是理论上基于不同立场学者对犯罪成立条件的理论探究,是一个纯粹刑法学的问题。此种观点具体参见王充教授2012年发表在《中国人民大学学报》的《问题类型划分方法视野下的犯罪概念研究》以及2020年发表在《法律科学(西北政法大学学报)》的《犯罪构成理论与犯罪事实认定关系考察》两篇文章的阐述,本书认同这种观点,在论述过程中直接采用四要件的犯罪构成理论。

[2] 参见王牧:《我国刑法总则中的犯罪概念》,载《警学研究》2019年第5期。

轻,一般情况下不需要刑事处罚,即使是相对严重犯罪的预备行为,因为准备的程度不同,为实行行为施行的贡献度不同,法益侵害的危险性也不相同。从现实层面上看,就一般人的常识经验而言,犯罪预备阶段行为人的犯罪意志还处在萌芽期,大部分行为的法益侵害性未通过人身、财产等权利的损害表现出来,还只是引起法益侵害结果出现的一种可能性,这种情况下行为法益侵害的危险性判断取决于行为的危险程度,或者这种危险是一种紧迫、高度的危险,或者这种危险相对缓和却也逾越了刑法所允许的范围,[①] 只有危险达到某种程度才认为预备行为具有严重的社会危害性,才有被认定为预备犯进行刑事处罚的必要。

预备行为成立犯罪既要满足形式要件也要满足实质要件,形式要件和实质要件是现象与本质的关系,只有预备行为法益侵害的危险达到刑法所禁止的程度,才有必要对预备行为进行处罚,即行为的危险性是构成预备犯的实质要件,而行为的危险性是一种抽象的概念,只能通过形式的要件表现出来,所以预备犯的构成是形式要件和实质要件的统一。

(二) 刑法的本质属性要求预备犯限制处罚

首先,预备犯的刑事处罚具有合理性。从拿破仑刑法典开始,许多国家的刑法典中都规定处罚实行行为为原则,也就是说刑事立法者将具有直接法益侵害性的行为或具有法益危险的行为类型化,一方面保证国民对自己行为的法律性质及结果具有预测可能性,另一方面对国家刑罚权的适用范围进行限制,这表现出刑事立法重视保障国民自由,体现了民主、法治的思想。处罚实行行为为原则在一段时间内被大多数国家所接受,但是这一原则在社会发

---

① 参见王志祥、黄云波:《论立法定量模式下抽象危险犯处罚之司法正当性》,载《法律科学(西北政法大学学报)》2016 年第 3 期。

展进程中不断受到冲击,当代各国刑事立法的规定中或多或少都有处罚预备行为的规定。世界正在步入乌尔里希·贝克于20世纪80年代所预言的"风险社会"已经是无可争议的事实,在风险社会的背景之下,在原有基础上扩张预备行为的处罚范围在所难免。原因是风险社会下预备行为的社会危害性发生了变化,传统社会中犯罪预备行为指的是"在犯罪进程的预备阶段,行为人为实现特定罪行而实施的基础性工作,典型的预备行为包括:为犯罪实现而征集招募犯罪同谋、收集相关工具材料、获取必要专业技能等",①这些预备行为的危害性是可以预估的,预备行为的方法发生变化,进而导致行为的危害程度难以预测,而且部分通过网络实施的犯罪预备行为与传统犯罪预备行为相比,社会危害性显著提升。例如在网络技术的帮助下为诈骗罪作准备的预备行为与传统诈骗罪的预备行为相比,社会危害性呈现出几何级的增长,传统电话诈骗是一对一的模式,法益侵害的可能性相对较小,而在网络空间中诈骗信息的传播不受空间和时间限制,法益侵害的可能性大大增加,所以为网络犯罪创造条件、提供工具的行为社会危害性明显提升。在这样的社会背景之下,基于惩罚犯罪保护法益的需要,司法机关处罚预备行为的范畴确实应当顺势作出扩张。而且,随着社会的不断进步,人类的认识水平提升,以"实害"为重的法益保护思想已无法满足社会的需要,保护抽象的观念性利益的呼声越来越高,公共安全、环境利益和社会秩序的保护已经提上刑法保护的日程。从当前各国的刑事立法来看,刑法除了保护生命、财产等个人法益,抽象的超个人法益也成为刑法保护的对象,法益保护前置化已

---

① See Daniel Ohana, "Desert and Punishment for Acts Preparatory to the Commission of a Crime", 20:1, Canadian Journal of Law and Jurisprudence, (2007)133.

经成为不可逆的既定事实,而实现法益保护前置化的方式就是要将刑事处罚范围扩张,扩大预备行为的处罚范围就是刑事处罚范围扩张的一种表现,所以说扩大预备行为的处罚范围是为了法益保护的前置化。①因此,无论是从预备行为危害性的变更还是从社会需求的角度,在当前司法现状的基础上扩张预备行为的处罚范围是众望所归。

其次,预备犯的处罚也要考虑刑法的本质属性。据现有研究成果,刑法如何产生的已经无从考证,但可以从法律的起源中探究刑法存在的意义和价值。当世界没有法律规范和其他共同的规则时每个人都是独立的个体,人们处于所有人对所有人的战争中,在当时的境况下没有任何人是安全的,人类每时每刻都生活在恐惧之中,为了改变这种痛苦的生活,人们自愿让渡个人的部分权利聚合成为一种公权力,依托于公权力制定出法律规范等社会规范,维护社会的秩序、保障个人的权利。②通过追溯法律规范的起源可以发现,法律规范存在的终极目标是为了维护公民个人的私权,虽然有很多维护社会秩序的规定,但维护良好的法律秩序也是为了更好地保障公民各项权利的行使,毕竟处于混乱的社会环境中个人的权利也很难实现。刑法是法律规范的内容之一,追根究底其存在的意义在于保障公民的个人权利,所以刑法价值体现在其具有人权保障机能,这意味着刑事司法机关不能恣意剥夺公民的人身、财产权利,刑罚的发动应当秉承非必要不采用的原则,鉴于此,刑法的本质属性是谦抑性。

随着社会的发展,刑法的功能正在发生转型,传统刑法以事后

①　参见舒洪水:《危险犯研究》,法律出版社 2009 年版,第 5 页。
②　参见[英]霍布斯:《利维坦》,吴克峰编译,北京出版社 2008 年版,第 60—83 页。

处罚为主,通过刑法的威慑性抑制犯罪发生,这种刑罚方式似乎已经不能够满足社会治理的需要,现代刑法提倡在法益侵害结果发生之前甚至在实行行为实施之前刑法就介入,目的是预防犯罪的发生,这种刑法观的转型导致预备犯的处罚受到更多的支持。但需要注意的是刑法不是万能的,作为最严厉的惩罚方式,刑事处罚范围不能随意扩张,刑事处罚范围的过度扩张非但不能实现预防犯罪的目的反而会有侵犯人权的危险,因此犯罪预备行为的刑事处罚范围的划定在考虑社会需要的同时也要与刑法的基本属性保持一致。

最后,因为刑法的本质属性是谦抑性,所以应该严格限制预备犯的处罚范围。刑法的基本原则中体现了谦抑性思想,其中最具有代表性的是罪刑法定原则,罪刑法定原则将刑罚处罚的范围限定于刑法明确规定的范围之内,体现出限制国家权力、保障人权的思想。根据罪刑法定原则的要求,刑法处罚的对象应是分则中明确规定的实行行为,依据刑法总则的规定对分则中未有规定的犯罪预备行为进行处罚,无疑是在罪刑法定原则划定的刑事处罚范围基础上的扩张,这种刑事处罚虽然满足刑事政策的需要,也具有法律规定的背书,但因为处罚范围尚不完全明确,所以有不当扩大刑事处罚范围侵犯人权的危险,要严格限制。而且,犯罪预备行为发生在着手实行之前,与法益侵害结果的发生还有一段距离,社会危害性也相对较轻,刑法的谦抑性要求刑罚的对象应当是具有严重社会危害性的行为,从这角度而言,犯罪预备的处罚范围也应当被压缩。

(三) 保证预备犯处罚范围的明确性

预备行为一律处罚原则在我国刑法理论界已经深根固柢,理论界针对如何处罚预备行为的相关问题都是以普遍处罚原则为前提展开,而且四十年来我国司法实务界受普遍处罚原则的影响程度也很深,司法机关认为所有犯罪预备行为都具有可罚性,所以在处罚预备行为的时候才会较为随意。虽然预备行为一律处罚原则在理论和实务界的地位不可小觑,但普遍处罚原则的弊端明显且难以忽视,而且由于普遍处罚原则概括性地赋予了全部预备行为可罚性,导致预备行为的处罚无章可循,司法适用情况不佳,不能有效发挥惩罚犯罪、维护社会秩序的机能。所以因对刑事立法规定的错误解读而存续已久的这一司法理念应当予以矫正,预备行为一律处罚的原则应当修改,应当将为犯罪准备工具、制造条件的预备行为分为可罚的预备行为和不可罚的预备行为。

将预备行为分为可罚的预备行为和不可罚的预备行为,能够从理论层面上消除预备行为处罚原则与犯罪概念之间的冲突。理论层面上将预备犯的规定理解为普遍处罚原则,将所有预备行为都纳入刑事处罚的范围之中,势必会使得一些法益侵害程度较轻的行为也沦为刑事处罚的牺牲品,这与刑法中犯罪概念的定量要求相背离。而将预备行为划分为可罚的预备行为和不可罚的预备行为,表示并非所有为犯罪准备工具、制造条件的行为都被刑法规制,只有具有严重法益侵害性的预备行为才能构成犯罪,成为刑罚处罚的对象,这种部分处罚预备行为的原则与犯罪概念的要求能够保持协调。[1]而且,在将预备行为分为可罚预备行为和不可罚的预备行为的前提下,才能进一步探究可罚预备行为的范畴,并对其进行界定,而对可罚的预备行为的界定就是明确预备犯成立范围的过程,所以预备犯限制性处罚原则的确立是明确预备犯成立范围的前提。

---

[1]　参见王志祥、郭健:《论犯罪预备行为的处罚范围》,载《政治与法律》2005年第2期。

其一,立法层面上保证预备犯处罚依据的明确性。将预备行为普遍处罚原则直接等同于刑事立法规定,所以相关理论研究成果都是以这一观点为前提展开,常见的思路是:首先认为预备行为全部处罚有诸多弊端,其次将这一问题归因于刑事立法规定了普遍处罚原则,最后建议通过修改立法将处罚预备行为的规定具体化以明确预备行为的成立条件。①因为我国刑法总则中已经有了预备犯的立法规定,不断在刑法分则中增加处罚预备行为的规定,使得预备犯的处罚依据容易产生混乱,刑法总则中预备犯的规定与分则中具体罪名的规定之间出现法条竞合,若只依照分则的规定处罚预备行为则导致刑法总则的规定被架空,而仅依照刑法总则规定处罚预备犯使得新增刑法分则的规定失去意义,因此增加处罚预备行为的规定未必使得预备犯的成立范围更明确,反而可能给预备犯的司法认定带来更多麻烦。事实上,对预备犯刑事立法规定的错误解读导致预备行为处罚范围的研究受到禁锢,将预备犯规定适用的困境归因于普遍处罚原则,进而认为只有通过修改刑事立法规定才能明确预备行为的处罚范围,这种研究思路是在画地为牢,自行虚拟出一个问题进行探究。从预备犯规定的文意解读中,可以将预备行为分为可罚的预备行为和不可罚的预备行为,这种观点无论是在逻辑上还是在实践层面上都有绝对的优势性,在确定立法规定部分犯罪预备具有可罚性的前提下,界定预备行为的处罚范围可以不拘泥于立法的具体化,也可以通过司法方式实现,而通过司法方式明确预备犯的成立范围能够有效缓解因为过度立法而导致的处罚根据混乱的问题。

---

① 梁根林教授的《预备犯普遍处罚原则的困境与突围——〈刑法〉第 22 条的解读与重构》,郝守才教授的《论犯罪预备立法之完善》,李永升教授、林培晓的《我国犯罪预备的处罚原则的缺陷及立法建议》等文章都是按照这一思路进行阐释。

其二,司法层面上保证预备犯规定适用的明确性。从预备犯司法适用现状来看,各地区、各层级的司法机关对预备犯的认定和预备行为的处罚较为随意,对故意杀人罪、抢劫罪的犯罪预备进行处罚背后的理论依据可以是为了保护重大法益不受侵害,但大量的处罚"组织、利用会道门、邪教组织、利用迷信破坏法律实施罪"和"盗掘古文化遗址、古墓葬罪"的犯罪预备就不能以保护重大法益为由,处罚这些行为表示法益侵害性较轻的犯罪行为也可以受到刑罚处罚。当前预备犯司法适用现状表明司法实务中处罚犯罪预备的前提是,犯罪预备行为一律都具有可罚性,无关法益侵害程度的高低。全部犯罪预备行为都具有可罚性这种观点将限定预备犯成立范围的权力的重心移交给了司法机关,而司法机关内部又没有形成认定预备犯的统一标准,于是在具体的实践过程中,各地区、各层级的司法机关各自为政,依照不同的标准处罚预备行为。从预备犯规定的整体适用情况来看,基于不同的认定标准,各地、各层级司法机关界定预备犯的成立范围也不同。一方面,部分司法机关对犯罪预备的处罚过于严厉,对一些法益侵害程度较轻的行为也作为刑事处罚对象,不当扩大刑事处罚的范围,侵犯公民个人权利;另一方面,部分司法机关投鼠忌器,面对法官审理案件终身责任制的监督机制,出于规避责任的角度将犯罪预备的处罚范围过度限缩,导致预备犯的刑事立法规定无法发挥惩罚犯罪、预防犯罪的效果。总而言之,在全部犯罪预备都具有可罚性思想之下,犯罪预备行为的处罚才会如此杂乱无章,才导致刑罚处罚的恣意。否认预备行为普遍处罚的原则,提倡限缩预备行为的处罚范围,并通过理论研究和实践探索出限缩预备行为处罚范围的根据,总结、提炼可罚预备行为的认定标准,为预备犯的司法适用提供相对明确的认定标准,这样才能有效改善预备犯司法适用的混乱,而且能够在应对当前社会风险中发挥重大作用。

第三章
限制预备犯处罚范围的实质根据

根据预备犯司法实践现状反映出的问题,经过客观的反思和论证发现犯罪预备行为一律处罚原则既欠缺正当性也不具有实现的可能性,因此应将犯罪预备行为区分为可罚的预备行为和不可罚的预备行为,仅赋予部分犯罪预备行为可罚性,也就是要限制预备犯成立的范围。按照正常的司法认定逻辑,犯罪预备行为应当同时满足形式要件和实质要件,要兼具形式合法性和实质合法性才能构成预备犯,成为刑罚处罚的对象。[1]也就是说预备犯的成立要受到形式要件和实质要件的双重限制,实质要件和形式要件之间是现象和本质的关系,先从深层次挖掘处罚犯罪预备的实质根据,再通过规范的形式要件表现出来,以此限定预备犯的成立范围。

有学者认为预备犯承担刑事责任的依据是预备行为符合了修正的犯罪构成要件和刑事政策的影响,[2]将处罚预备犯的实质根

---

[1]　参见阎二鹏:《预备行为实行化的法教义学审视与重构——基于〈中华人民共和国刑法修正案(九)〉的思考》,载《法商研究》2016年第5期。

[2]　参见胡陆生:《犯罪预备的特征与责任根据评述》,载《犯罪研究》2003年第5期。

据理解为"保护重大法益的刑事政策需要"。这种理论观点混淆了预备犯处罚的实质根据和预备犯处罚的正当化根据这两个问题，事实上这是两个完全不同的问题，前者要说明的是司法认定过程中处罚预备行为的限制条件为何，而后者则是探索立法层面上设置预备犯的目的何在。①虽然近些年来由于实质预备犯立法扩展趋势明显，理论界更关心立法层面上设置犯罪预备处罚规定的正当化根据，但实际上在立法层面上，我国《刑法》第22条已经为预备犯的处罚提供依据，只是因为刑事立法中预备犯的规定比较抽象，所以在司法适用过程中需要对预备犯的成立条件进行实质性的判断。因此明确预备犯成立的实质要件，有助于划定应受刑罚处罚的预备行为的范畴，是界定预备犯成立范围的前提条件。

第一节　危险犯中"危险"本质的理论梳理

一、大陆法系刑法理论中"危险"本质的争论

刑法处罚预备性质行为的理由是其接续行为巨大的社会危害性，预备行为具有侵害法益的抽象可能性，属于抽象危险犯的一种类型。②我国刑法理论界对预备犯处罚根据的讨论寥寥无几，③一

---

① 参见舒洪水、许健：《预备犯的处罚根据》，载《云南大学学报（法学版）》2011年第1期。
② 参见郝艳兵：《风险刑法：以危险犯为中心的展开》，中国政法大学出版社2012年版，第272页。
③ 在中国知网以"预备犯处罚根据"或"预备犯处罚依据"为主题搜索，出现的文章数量不超过7篇。

方面是因为我国预备犯基础理论的研究本来就比较偏门,另一方面很可能是因为学者认为预备犯的处罚根据是危险犯处罚根据问题研究的分支,①直接研究危险犯的处罚根据更具有理论价值,预备犯处罚根据没有单独讨论的必要。而刑法理论界对危险犯处罚根据的问题长期处于争论不休的状态,究其原因是学者们基于不同的理论立场对危险犯中的"危险"进行解读,得出不同的结论,主要包括以下几种。

（一）主观主义立场

1. 传统的主观危险——行为人的危险及规范效力理论

早期持主观主义立场的论者认为,危险犯的处罚根据就是行为人的危险,具体是指尚未实施犯罪的人将要实施犯罪的可能性以及已经实施犯罪的人再次实施犯罪的可能性。②我国刑法中主观危险理论的灵感来源于德国刑法理论中主观未遂论的观点。第二次世界大战期间,德国受纳粹意思刑法的影响,在未遂犯处罚根据的问题上抛弃了以法益保护作为刑事不法的基础,认为处罚未遂犯是因为行为人主观具有犯意。反法西斯战争胜利之后客观未遂论并没有夺回话语权,反而随着威尔哲尔（Welzel）的目的行为论和"人的不法论"的提倡,主观未遂论在学术界和实务界正式确立了地位。③需要注意的是以行为人危险为犯罪处罚根据并不代表完全忽视行为人客观的行为,它与主观归罪完全不同,在主观危险论中,客观行为只是作为证明行为人主观意思的工具,而不是发动刑罚的实质根据。持主观危险论的学者认为虽然没有危害结果

---

① 李立众:《犯罪未完成形态适用》,中国人民大学出版社 2012 年版,第 91 页。
② 参见陈兴良:《刑法哲学》,中国政法大学出版社 2000 年版,第 121 页。
③ 萧宏宜:《未遂犯的处罚依据及其影响》,载《东海大学法学研究》2015 年第 4 期。

的发生,但外在的行为已经表现出行为人的犯罪意图,这种犯罪意思折射出行为人反社会的人格,表现出法敌对的意志,出于社会防卫的目的有必要进行处罚。①

　　主观危险论者的逻辑思路是:刑法的归责应当尽量排除偶然因素的影响,这样才能保证刑法的公平性。在论证这一观点的过程中,最常被提及的例子是,若行为人对着他人开枪,可能会出现两种情况,一种情况是造成被害人死亡的结果,另一种情况是因为当天风非常大,吹落房屋上的瓦片正好阻挡住了子弹,被害人没有受到任何伤害,若将前者认定为杀人的既遂,后者成立杀人罪的未遂,就不禁要反问,难道是要以行为人无法控制的偶然因素或者说运气来决定刑罚的轻重吗? 显然不合适,刑法规制的对象应该是人可以控制的行为而不应该是由运气等偶然因素所决定的结果,主观危险论者认为行为人一旦扣动了扳机,结果的发生与否都非其所能控制,所以危害结果的发生与否不应该影响刑罚的轻重,而行为人所能控制的只有自己实施某种行为或是不实施某种行为的决定权,因此刑法规制的对象就应该是行为人的这种"选择",行为人应该为自己所作出的选择承担责任。

　　行为人危险理论体现的是特殊预防的思想,通过对犯罪人实施惩戒、教育,消除其人身危险性以减少犯罪的发生,从而达到防卫社会的目的,除此之外,美国主观未遂论支持者以及波昂学派的理论学者②从一般预防的角度论证未遂犯的处罚根据是主观危险。具体的思路是:行为人一旦着手实施了行为,行为人对法益侵

---

①　参见[日]野村稔:《刑法总论》,日本成文堂1990年版,第41页。

②　以 Armin Kaufmann 和 Zielinski 为首的波昂学派是继承了 Welzel 的行为规范理论并进一步发展的,这一学派对违法本质问题采取了比较极端的观点,是纯粹的一元行为无价值论,认为法律作为一种行为规范,透过影响人的行为意志规范其行为,法规范的对象只能是人的意志。

害结果的发生与否就失去控制,现实结果发生与否受制于诸多偶然因素,但确定的是行为人已经违反了行为规范,刑法规制违反规范的行为以宣示其效力,从而保证社会一般人对法秩序的信赖,预防可能会发生的危险行为。依照这种观点,行为人实施了规范违反行为后,客观的危害结果发生与否已经非犯罪人所能决定,不宜作为影响刑度的因素,而且综合全案的具体事实从事后的角度来看,危害结果不发生是一种必然结果,所以刑法处罚危险犯的目的不是为了防止当前的行为危险,而是为了预防未来同种危险行为模式的重复,实现的方式就是通过增强社会一般人对法秩序的信赖,所以刑法处罚危险犯的理由在于维护规范的效力,消除社会一般人的规范违反意识,以保证危险不再出现。①

2. 主观危险理论的修正——印象理论

纯粹的主观危险理论过于强调行为人的危险,导致刑法的处罚范围过于宽泛,学者们也意识到了这一弊端,于是从社会心理的角度引入"法秩序信赖感"以限缩纯粹主观危险论下刑法处罚范围。印象理论的产生源于德国刑事立法的修改,1975 年德国刑法中未遂犯的相关规定作出修改,其一是在第 22 条未遂犯的规定中直接增加了主观要素的内容;②其二是第 23 条第 1 款规定刑法仅处罚重罪的未遂犯,轻罪的未遂以法律规定的为限;其三是在第 23 条第 3 款中规定行为人出于重大无知而没有认识到自己行为不能实现法益侵害后果,即使行为客观没有危险性也要处罚。"重大无知"的未遂也要处罚显然与强调行为危险性的客观未遂论冲

---

① 参见萧宏宜:《未遂犯的处罚依据及其影响》,载《东海大学法学研究》2015年第 4 期。
② 《德国刑法》第 22 条规定:"依其对犯行之想象,直接着手于构成要件之实现者,是犯罪未遂。"

突,而依主观未遂论的观点所有的未遂犯都应当被处罚这也与刑法规定的内容不一致,所以一元的主观未遂论和客观未遂论都不能解释清未遂犯的处罚根据,于是混合了主、客未遂理论的印象理论脱颖而出,印象理论提出处罚未遂犯要具备三个要素,一是行为人有法敌对的意志;二是行为人法敌对的意志已经现实外化;三是敌对意志动摇了公众对法秩序的信赖感。①德国刑法理论界认为印象理论克服了一元的主、客观未遂理论的局限性,成为当今德国刑法学界占统治地位的观点。

虽然印象理论打着主客未遂论相融合的幌子,但大部分刑法学者还是将印象理论归为主观未遂论的一种,理由是:其一,印象理论从形式上仍未脱离主观未遂论的窠臼。印象理论内容本身既包含主观要素也包含客观要素,以行为人主观认识的内容作为评价的对象,又以法信赖这种客观标准作为认定法敌对意识的评价标准,这一理论加入客观标准限制对行为人法敌对意识的处罚看似是合理的,但实际上印象理论中主客观要素并没有糅合,刑法评价的对象仍然是行为人主观认识的内容,而客观未遂论的核心要素——客观行为法益的侵害性仍然被危险判断拒之门外,所以即使外表是主客观混合理论,内在本质上还是主观未遂论。②

其二,印象理论与主观未遂比较并没有实质上发挥限制处罚范围的功能。以行为人认识到的全部内容作为评价的对象,行为人出于重大无知认为自己的行为具有危险性,但是客观上没有危险的行为依然会被认为具有可罚性。例如行为人将钙片当成毒药

---

① 参见张志钢:《德国未遂理论的流变及其启示》,载《环球法律评论》2016 年第 3 期。

② 参见陈璇:《客观的未遂犯处罚根据论之提倡》,载《法学研究》2011 年第 2 期。

意图杀人,行为本身没有任何危险性,但行为人主观认识到情况是,基于杀人的故意将毒药给被害人吃,从一般人的角度来看,投毒杀人的行为当然违反了法规范破坏了法秩序,所以这一行为还是要予以处罚。由此看出印象理论与主观未遂理论得出的结论并无区别。另外,公众对法秩序的信赖是一个过于模糊、抽象概念,可以幻化出无数种解释方式,以此作为限制主观未遂论处罚的条件起不到实际作用。

印象理论试图通过客观的标准限制传统主观危险理论处罚范围扩大的弊端,这种思路是值得肯定的,而且当前德国刑法学界占支配地位的学说仍然是印象理论,但是已经有一些学者发现印象理论并没有从本质修正主观危险论,开始朝向客观危险论的立场偏移,例如罗克辛教授,虽然曾经是印象理论的支持者,但最近开始提出偏向于客观未遂论的观点,从一般预防的角度提出未遂犯的处罚根据是行为制造了法所不容许的法益侵害的危险。[1]

(二)客观主义立场

客观危险论的理论渊源可以追溯到德国刑法中的客观未遂论,客观未遂理论最初的主张者是费尔巴哈,他认为刑法处罚未遂犯的理由是行为本身与行为人企图现实化的犯罪之间存在因果关系,单纯具有违反法律的意思并不代表行为具有违法性,只有侵害了某种权利或者使得某种权利处于危险的境况之下才能被认为是违法的,才具有受罚的可能性,若行为客观上不可能侵害权利或使得权利受到威胁,例如枪杀尸体的行为,就不应该认定为是违法行为,否则就会混淆道德和法律的界限。[2]在犯罪处罚根据的问题

---

[1] 参见陈璇:《客观的未遂犯处罚根据论之提倡》,载《法学研究》2011年第2期。

[2] 参见[德]安塞尔姆·里特尔·冯·费尔巴哈:《德国刑法教科书》,徐久生译,中国方正出版社2010年版,第46页。

上,客观危险理论与主观危险理论表现出明显的差异,主观危险论不承认有客观危险的存在,认为从事后来看因果流程是确定的,"可能性"这个概念是个伪命题,"危险"仅存在于人类的主观世界,本质上是人类认识上的空白地带,[①]所以主观危险论者更关注于行为人的法敌对意志,而客观危险论强调的是客观的危险,至于客观的危险具体指行为的危险还是结果的危险,基于不同的违法论基础,客观危险论内部也存在分歧,具体如下:

1. 行为危险说

从行为无价值的立场出发,客观危险是一种行为的危险,即行为自身蕴含导致法益侵害结果发生的可能性,是一种行为的属性而非危害后果,[②]行为危险与结果危险的区别在于前者是抽象的、一般的危险,而后者是一种有具体指向性可转化为现实的危险,一般情况很难区分这两种危险,仅在隔离犯中表现出明显的区别。[③]持行为无价值论的学者不在少数,其对行为结果的态度也表现出一定的差异,一元的行为无价值论者完全否定结果危险的存在,认为结果的发生与否不影响犯罪的成立,危险犯的处罚根据就是行为本身的危险。[④]最早提倡这种观点的学者是威尔哲尔,他认为已经发生的法益侵害已经无法挽回,刑法也无力修复,在不法判断时过于强调法益侵害没有意义,应该重视行为的不法,通过刑法的行为规范指引功能维护社会道德,从而实现法益保护的目的。威尔

---

① 参见黄荣坚:《刑法的极限》,台湾元照出版有限公司 2000 年版,第 323 页。

② 张明楷:《刑法学》,法律出版社 2016 年版,第 166 页。

③ 张明楷教授举过一个经典的例子来说明行为危险与结果危险的区别,A 以杀人的故意给 B 寄送毒药,A 在寄送毒药时有行为的危险,而在 B 收到毒药时才有结果的危险。参见张明楷:《刑法学》,法律出版社 2016 年版,第 167 页。

④ 参见张灏:《中国刑法理论及实用》,三民书局股份有限公司 1980 年版,第 106 页。

哲尔有一句经典的表述:"法益侵害只有人的违法行为中才有刑法上的意义。"①持这种观点的学者认为"行为"应当作广义的理解,既包括主观意图现实化的身体动静,还包括行为所引起的外界变化,引起法益侵害的抽象危险和具体危险都属于行为的危险。有的学者从危险判断的角度间接论证行为危险的合理性,认为若最后的实害结果没有发生,综合所有客观事实从客观上判断实害结果本就是绝对不可能发生的,所以不存在结果危险,危险犯中的危险指的应当是回溯到行为时,客观行为是否会导致结果发生的一种可能性。②还有论者认为没有行为就不存在危险,行为是危险存在的必要条件,行为危险是抽象的危险,结果危险是具体的危险,两者之间仅是程度上的差异,大部分情况下很难区分,而且行为危险和结果危险不过是同一事物不同侧面的观察结果,没有区分的必要,再加上结果危险在逻辑上很难成立,所以危险犯中的危险就是行为的危险。③

结果危险说对行为危险说的批判主要有三点:其一,当存在紧迫的、具体的危险时,行为是实行行为能够成立未遂犯,换句话说,紧迫的危险是区分预备犯与未遂犯的条件,若危险指的是行为的危险,那么预备犯与未遂犯就无法区分;其二,采取行为危险说过于强调行为人主观意思的现实化,而忽视了客观事实因果,这种倾向容易使得危险的判断朝向主观刑法方向偏移,导致犯罪的范围被不当扩张;其三,根据行为危险说的逻辑,没有任何法益侵害性

---

① 参见萧宏宜:《未遂犯的处罚依据及其影响》,载《东海大学法学研究》2015年第4期。

② 郑明玮:《论刑法中危险犯的"危险"》,上海人民出版社2017年版,第101页。

③ 参见李海东:《社会危害性与危险性:中、德、日刑法学的一个比较》,载《刑事法评论》1999年第1期。

的不能犯,例如枪杀尸体的行为,也会因为具有抽象的法益侵害性而被纳入危险犯的处罚范围中,这与现代刑法通用的基本原则——法益保护原则格不相入。①

2. 结果危险说

从结果无价值的立场出发,客观危险中的危险是行为所导致的,但是与行为相区分具有独立性,可能引发法益侵害的状态,是侵害法益的现实的、具体的危险,危险是危害结果的类型之一。这种观点在日本学界很有市场,如日本学者前田雅英认为,刑法意义上结果包括法益的侵害或法益侵害的危险,危险犯中的"危险"本身就是结果。②再如日本学者曾根威彦在未遂犯的处罚根据中表明过结果危险说的立场,"危险作为具体的刑罚权发动的前提,只能是对刑法所保护法益的具体的现实危险,只有发生结果的危险迫在眉睫时,才可以作为未遂犯处罚(结果危险说)"。③我国台湾学者林山田也支持这种观点,认为依据行为对法益作用程度的不同,行为结果可以分为实害结果和危险结果,其中危险结果指的就是行为导致构成要件所要保护的法益有发生实害结果的可能。④总地来说,持结果危险说的论者认为刑法的目的是保护法益,违法的本质是法益侵害或法益侵害的危险,刑罚处罚实害犯是因为存在法益侵害,处罚危险犯是因为存在法益侵害的危险,即使有规范违反行为,只要客观上没有造成具体的法益侵害后果或导致法益受威胁,就不是违法行为,而且主张在危险的判断过程中应当尽可能地排除危险概念中的主观要素。⑤

---

① 参见钱叶六:《未遂犯与不能犯之区分》,载《清华法学》2011年第4期。
② 陈兴良:《本体刑法学》,商务印书馆2001年版,第480页。
③ 曾根威彦:《刑法学基础》,黎宏译,法律出版社2005年版,第126页。
④ 参见林山田:《刑法通论》,台湾三民书局1998年版,第112页。
⑤ 参见江溯:《二元违法论与未遂犯的处罚根据》,载《国家检察官学院学报》2014年第2期。

对结果危险论的批判也比较犀利,主要包括以下几个方面:其一,结果危险说将"危险性"与"因果性"作同等理解,认为危险性就是具体法益侵害结果发生的可能性,但其实"危险性"的判断是一种规范性判断,而"因果性"判断是一种事实判断,"危险性"判断是确认在规范层面上行为是否有一般的、抽象的危险,若存在这种危险就能成立犯罪,而"因果性"判断是在物理层面上确认行为与危害结果之间的关系,结果危险说混淆了规范判断和事实判断,忽视了刑法的行为规范机能。①其二,结果危险说提倡危险的构造中排除全部的主观因素,危险的判断过程中要从事后判断,并且保证判断对象、判断标准都是客观的,这种完全抛弃主观因素的客观危险判断基本上不可能实现。②其三,结果危险说对危险犯范围界定产生负面影响,一方面若按照结果危险说的思路,从事后综合的全部客观事实判断行为的危险性,那么所有的行为都必然不具有危险,危险犯没有成立的可能性;另一方面结果危险理论仅关注客观因果流程,片面地强调刑法裁判规则的机能,基于这种理论逻辑,行为人主观上没有意识的行为也被裁判者纳入因果链条中,成为刑法规则的对象,这会导致犯罪成立范围过大的弊端。③

3. 行为危险与结果危险兼收并蓄

我国伟大的思想家孔子倡导中庸之道,这一思想也体现在人们的认知方式上,子曰:"吾有知乎哉? 无知也。有鄙夫问于我,空

---

① 参见郑军男:《不能未遂论之争——"客观危险说"批判》,载《法制与社会发展》2002 年第 6 期。

② 参见[日]佐伯仁志:《刑法总论的思之道·乐之道》,于佳佳译,中国政法大学出版社 2017 年版,第 288—289 页。

③ 参见江溯:《二元违法论与未遂犯的处罚根据》,载《国家检察官学院学报》2014 年第 2 期。

空如也。我叩其两端而竭焉。"也就是说,正确的认识往往是从两种极端的观点中分析、总结而来。①人类认知事物的规律都是互通的,刑法理论学者对违法本质的认识最终也体现出折中调和的中庸之道,由行为无价值论和结果无价值论的尖锐对立向两者兼容并包二元论方向发展。德国刑法中的二元论最初受威尔哲尔行为无价值理论的影响颇深,违法的实质中包含有社会伦理规范的内容,但随着法益保护思想的逐步渗透,二元论中行为无价值在内容上更依赖于结果无价值,而行为人的道德动机被排除在违法判断之外。②当前德国占多数说的二元论者认为,判断某一行为是否不法,不仅主观上要看它是否具有指向法益侵害的意志,还要在客观上看是否具备法益侵害的危险。③

日本刑法理论中二元论的支持者也很多,但对于二元违法论的阐述又有些许不同,而且行为无价值论与二元违法论之间有时会出现混淆。一种观点是将违法的本质理解为对国家和社会的伦理规范的违反及对法益的侵害或威胁。日本学者大塚仁持这种观点,他认为不应只看到行为无价值论与结果无价值论之间的差异,这两种立场只是从不同角度认识违法性的实质,并非是水火不容的关系,两者兼采才能正确把握违法性的本质。④在这种二元论中,是以结果无价值论为基础,导入行为无价值论起到消极限定作用。还有一种观点试图摆脱道德主义对违法论的影响,认为违法

① 吴启文:《论对立面的统一兼中庸之道》,载《社会科学辑刊》1981 年第 6 期。

② 参见陈璇:《客观的未遂犯处罚根据论之提倡》,载《法学研究》2011 年第 2 期。

③ 陈璇:《结果无价值与二元论之争的共识、误区与发展方向》,载《中外法学》2016 年第 3 期。

④ 〔日〕大塚仁:《犯罪论的基本问题》,冯军译,中国政法大学出版社 1993 年版,第 116 页。

的实质是行为人对行为规范的违反,刑法通过宣示规范的效力达到一般预防效果,从而保护法益。①日本学者井田良认为法对事实的认识是无能为力的,法只能作为一种行为规范存在,通过确认、维持规范效力,引导人们去遵守,但他同时也承认没有法益侵害性的规范违反行为不应被处罚,例如用糖果杀人的行为就不应该被处罚,理由是处罚这种行为与社会报应感情不符。②从论证思路来看这种观点属于行为无价值论的立场,日本理论界也确实将这种观点归入行为无价值论的范畴中,但最终得出的结论却与二元论立场相符合,所以这种观点的定位比较模糊,也有将其理解为违法二元论的观点表述。日本学者盐见淳虽然也承认违法性包括行为无价值和结果无价值,但他理解的法益侵害不是危害结果的发生,而是认为行为造成的法益信赖受损才是实质的法益侵害,这种观点表面上承认违法的二元论,实际上却将结果无价值的内核换为行为无价值,所以这种观点本质上还是属于行为无价值论。

违法的二元论认为违法的本质既包括行为无价值也包括结果无价值,刑法具有行为规范和裁判规范双重机能,这一理论应用到危险犯之中,危险犯处罚的对象应该同时具备行为非价和结果非价。一方面行为本身具有规范违反性,刑法要通过确认规范效力以保护法益,从这一角度,行为不需要有具体的危险,仅需要有破坏法秩序信赖感的抽象危险即可;另一方面客观上行为也要有导致结果发生的现实可能性,若按照行为时的法则行为无论如何也不能导致危害结果的发生,即使有规范违反性也不属于刑法处罚的范围。

---

① ② [日]山口厚:《日本刑法学中的行为无价值论与结果无价值论》,金光旭译,载《中外法学》2008 年第 4 期。

二、我国刑法理论中危险本质的不同解读

我国刑法理论受大陆法系刑法理论研究的影响颇深,危险犯中危险本质的探究也未能免俗,我国刑法理论界有关危险犯本质的讨论内容与大陆法系刑法理论中未遂犯本质、未遂犯的处罚根据的研究内容息息相关,我国理论界在讨论危险的本质时,通常会以大陆法系刑法理论中主观未遂论与客观未遂论的巅峰对决为讨论的基础和前提,主观未遂论对应着行为人的危险,而客观未遂论则主张危险是客观的,学者们通过对行为人危险、行为危险和结果危险的比较分析,基于各自的立场论证危险的本质。[①]结合主观主义视角下与客观主义视角下的危险本质之争,当前我国刑法理论界对危险本质的理解情况如下:

首先,主观危险论基本被否定。因为未遂犯与危险犯处罚的都是具有法益侵害危险的行为,所以在未遂犯的处罚根据上持主观未遂论的学者可以认为就是主观危险理论的支持者。虽然世界范围内未遂犯处罚根据有主观化趋势,但我国学者并没有盲从,目前刑法学界基本上没有主观未遂论的支持者,也就是说危险的本质理解为行为人危险这种观点基本上被我国刑法理论界摒弃。一方面是考虑到主观未遂理论背后有纳粹主义意思刑法的影子,另一方面是客观未遂论强调个体的自由保障,通过客观危险性限制未遂犯的处罚范围,而主观论的目标是社会防卫,以此为导向就会要求未遂犯的处罚范围放宽,比较而言,过度强调社会防卫机能

[①]　南昌大学黄悦博士的《刑法中的危险概念及其展开》一文、华东政法大学郑明玮博士的《论刑法中危险犯的"危险"》一文、中国人民大学李媛媛博士的《现代刑法中危险问题研究》一文,都是从未遂犯处罚根据中的主、客观对峙入手,探究"危险"的本质。

可能会威胁到个人的权利保障，与法治国家的要求不协调。①虽然理论界并没有学者明确表示支持主观危险说或者行为人危险说，但针对不能犯的问题，通说观点认为不能犯属于犯罪未遂的一种，具有可罚性，学者们认为这种通说观点表现出主观危险论的倾向。通说将不能未遂犯划分为工具不能犯和对象不能犯。工具不能犯的情况下，行为人有明显的犯罪故意并且外化为客观行为，这种外化的客观行为即使因为行为人主观认识的错误最终不能导致危害结果发生，根据主客观相统一的原则，这种行为具备构成犯罪的主、客观条件，具有严重的社会危害性。而对象不能犯中，行为人在主观犯罪故意支配之下的客观行为给客观存在的犯罪客体造成了现实的危险和威胁，已经具备主观罪过和客观行为，也具有社会危害性，应该处罚。②批评这种观点的学者认为，通说观点不考虑行为客观上是否侵害法益，对于误拿维生素当毒药杀人的行为也认定为故意杀人罪的未遂，将这种客观上不具有法益侵害结果发生可能性的行为进行处罚，从结论的层面上与主观未遂论得出的结论相同，所以大部分学者认为不能未遂犯可处罚这种通说观点与德日刑法理论中主观未遂论所得出的结论基本相同。③为通说观点辩护的学者认为，我国1979年《刑法》和1997年《刑法》是行为规范的客观主义刑法，在此基础上构建的未遂犯理论都是客观主义立场下的理论，所以我国通说观点是客观主义内部的主观未遂，④

① 劳东燕：《论实行的着手与不法的成立根据》，载《中外法学》2011年第6期。

② 郑军男：《不能未遂犯研究》，中国检察出版社2005年版，第130页。

③ 梁根林教授在《未遂犯处罚根据论：嬗变、选择与检验》一文中，陈兴良教授在《不能犯与未遂犯——一个比较法的分析》一文中，以及周光权教授的《刑法总论》中都支持这一观点。

④ 陈家林：《为我国现行不能犯理论辩护》，载《法律科学（西北政法大学学报）》2008年第4期。

同时,现代的主观未遂论对未遂犯处罚根据的理解已经不再是行为人的危险性格,而是重视行为的危险,认为违反规范的行为破坏了法秩序所以值得处罚。

在不能未遂犯处罚的问题上,维护通说的学者和反对通说的学者首先对通说的定位就存在不同理解,反对者认为通说观点表现出一种主观未遂论的倾向,处罚的根据在于行为人的法敌对意志,而通说的捍卫者则认为通说观点虽然是符合主观未遂论的特征,但是处罚的根据是规范违反的行为而不是行为人的危险人格。对比两种观点可以发现通说支持者和反对者对于主观未遂论的理解是不同的,两种观点之间实际上并没有交锋。从通说批评者的角度理解,捍卫通说的学者虽然声称支持"主观未遂论",但其主张不能犯处罚的根据是客观的行为而不是行为人的危险人格,这种观点应该属于客观未遂论的范畴,所以通说反对者认为通说捍卫者是主观未遂论的支持者并不准确,如此来看虽然在未遂犯处罚根据上我国通说观点倾向于主观未遂论,将刑法中的危险理解为行为人危险或是主观危险,但实际上在当前学界并没有支持者。

另外,我国支持印象理论的学者数量也不多,虽然有学者认为印象理论注重法秩序安全更符合社会现状,随着风险社会的来临,刑法主要功能已经由权利保障转向秩序维护,印象理论比客观论更适应当前社会发展。[1]还有学者认为印象说以法秩序的效力及法信赖感的动摇作为危险的判断标准,既容纳了行为人的特别认知又融合了客观归属中的其他成果,能够克服客观论在危险判断上的缺陷,具有理论上的优势性。[2]但是,大部分学

---

[1] 参见刘晓山、刘光圣:《不能犯的可罚性判断——印象说之提倡》,载《法学评论》2008年第3期。

[2] 参见刘继烨:《论我国不能犯的认定——印象说的提倡》,载《南海法学》2017年第6期。

者对印象理论并不看好,一方面印象理论依然只关注行为人的危险,以行为人的法敌对意识作为评价的对象;另一方面以"法秩序信赖感"这种极为模糊且抽象概念作为危险认定的标准或者限制条件,对司法实践的指导意义不大,理论价值不突出,所以本质上未脱离主观危险束缚的印象理论在我国刑法理论界没有被接纳。

其次,客观危险说在我国刑法理论界占支配地位。从刑法中危险本质的研究过程来看,主观危险说发迹于德国也仅在德国发展得较为突出,这与德国特定的历史发展相关。在我国刑法理论界中,以行为人法敌对意志作为危险犯处罚根据的观点一直被排斥,甚至是毫无争议排除在理论争议之外。随着法益保护原则逐渐植根于我国刑法理论之中,客观危险说明显成为理论界的主流观点,表现形式之一就是在未遂犯处罚根据的讨论中,提倡客观未遂论的学者数量占绝对多数。因为未遂犯和危险犯都有法益侵害危险的行为,所以在未遂犯处罚根据中持客观未遂论的就是赞成客观危险说的学者。例如有学者认为为了实现法益保护的目的必须贯彻客观未遂论,并认为犯罪未遂行为之所以被处罚是因为行为人主观上具有犯罪故意,且客观上实施的行为具有法益侵害的紧迫危险,若不具有法益侵害的危险则应认为是不能犯,不予处罚。[1]有的学者认为应当毫不动摇地从客观法益侵害危险中去寻找未遂犯的处罚根据。[2]有学者认为刑法处罚未遂犯的根据不是因为行为人存在主观恶意,而在于未遂犯具有法益侵害的危险性。[3]还有学者明确地表示主张实质的客观说,即认为对法益侵害

① 张明楷:《刑法学》,法律出版社 2016 年版,第 316 页。
② 陈璇:《客观的未遂犯处罚根据论之提倡》,载《法学研究》2011 年第 2 期。
③ 赵秉志:《犯罪未遂形态研究》,中国人民大学出版社 2008 年版,第 193 页。

的客观危险是对未遂犯的处罚根据。[①]

最后,客观危险说内部存在争论。所谓无知者无畏,社会风险程度随着人类认识世界能力的提升而水涨船高,在这样的背景之下,传统的以实害为典型特征的刑法欲维护社会秩序、保护法益显得捉襟见肘,所以不夸张地说,现代刑法的重心正经历由实害犯向危险犯的转型。世界一体化背景之下,我国的刑事立法、司法也正在经历危险犯的扩张,这种立法、司法的范式转化直接影响理论研究的方向。自20世纪80年代末"危险犯"这一概念引进以来,有关危险犯的理论研究就如火如荼地展开,其中很重要的一个议题就是"危险"的本质是什么,从现有的理论研究内容考察,理论争议主要集中在四种观点:

其一,结果危险说。在我国刑法理论中支持结果危险说具有代表性的学者是李洁教授,她认为危险是实害结果产生的一种可能性,若没有这种可能性就没有危险的存在,从行为的着手到实害结果出现的过程中都可能有危险的存在,而且危险的形式并不是单一的,当着手后尚未有外界的变化时,危险是行为本身的性质,是一种行为属性,但行为推进到一定程度就会引起外界变化,而这种外界变化与实害结果的出现之间又存在关联,此时这种危险就不再是一种行为属性,而是一种特定的事实状态,具有结果的属性,所以危险犯之危险是一种结果而不是行为的危险。[②]舒洪水教授支持这种观点并进行补充,他认为行为着手之后存在行为危险,但行为危险只是危险阶段性的特征,从终局意义上来看危险最终

---

① 陈兴良:《客观未遂论的滥觞——一个学术史的考察》,载《法学家》2011年第4期。

② 李洁:《危险犯之危险研究》,载《淮阴师范学院学报(哲学社会科学版)》2004年第6期。

会发展为结果的危险。鲜铁可博士也认为危险作为一种结果不是表现危险的事实本身,其反映的是行为社会危害性的事实,它是危险犯既遂认定过程中需要考察的事实,与原因相独立,所以危险犯应该是一种结果。①

其二,行为危险说。李海东博士认为危险是一种事物的属性,从逻辑上不可能将其区分成行为属性或结果属性,它们只是同一事物的不同侧面,取决于观察的目的和角度不同而已,若将危险理解为一种结果,那么就会出现危险的结果是危险这种无意义的重复,而且结果的危险在逻辑上很难成立。②周铭川教授认为危险状态只是人们根据经验法则针对结果发生的可能性作出的一种推测,并不是客观存在的事实,无论推测的结果"是"还是"不是",都不能脱离判断者的头脑或行为人的行为而存在,而且危险状态未必是行为所引起的,行为引起状态的未必就能称之为结果。③黄悦博士的阐述更为直接,他认为国内学界对于"行为危险"和"结果危险"的界定和相关讨论都存在问题。若按照理论界对行为危险和结果危险的定义,行为危险与结果危险的区别是抽象危险和具体危险的差别,那么任何犯罪类型都可以区分为行为危险和结果危险,例如 A 以杀人的故意持枪向 B 射击,行为危险是指根据一般经验法则,A 对 B 开枪就有导致其死亡的危险,结果危险是指持枪射击有导致 B 死亡结果出现的可能性。行为危险是不考虑现实情况,依据经验法则在思维层面上对危险的判断,而结果危险则是从客观现实情况的角度判断行为危险是否有导致结果发生的可能

---

① 参见鲜铁可:《危险犯研究》,武汉大学出版社 1995 年版,第 204—205 页。
② 参见李海东:《社会危害性与危险性:中、德、日刑法学的一个比较》,载《刑事法评论》1999 年第 1 期。
③ 参见周铭川:《风险刑法理论研究》,上海人民出版社 2017 年版,第 283—284 页。

性,两者实质上都是对行为危险的判断,只是判断的层面和角度不同而已。[①]

其三,行为危险与结果危险区分说。陆诗忠教授明确指出:"抽象危险犯与具体危险犯中的危险不同,抽象危险犯的危险仅仅是行为危险,具体危险犯中的危险是行为危险与结果危险同时存在。"[②]他认为立法者法律文本中对抽象危险犯和具体危险犯的描述存在一定的差异,从文本内容来看具体危险犯有结果犯的构造,所以具体危险犯在构成要件上要以法益侵害结果的现实发生为必要条件;而抽象危险犯是立法者根据一般生活经验规定的类型化的"行为危险",裁判者在适用的过程中不应该人为地增加结果危险认定要求。王志祥教授、黄云波教授认为抽象危险犯与具体危险犯中危险是相同的,但前者是一种缓和危险,仍然是蕴含于行为之中的危险,而后者的危险则是一种紧迫的危险,除了行为的危险还要有脱离行为的危险状态,所以抽象危险犯只需判断行为的危险,而具体危险犯中的危险既包括行为的危险还包括其他危险状态。[③]卢建平教授也认为一概地将刑法中的危险理解为行为的危险或作为结果的危险都是不大妥当的,而应根据危险的类型不同予以区别对待,非独立犯罪类型的预备、未遂和中止行为所具有的威胁法益的状态属于尚未现实作用于法益,属于行为的危险。然而,具有独立危险构成要件要素的犯罪中的危险,尽管也是一种威胁法益的状态,但已经脱离行为的范围而独立存在,不能犯的一般性的推定危险的存在需要独立的考察、判断,这种危险状态具有

---

① 黄悦:《刑法中的危险概念及其展开》,法律出版社 2019 年版,第 43 页。

② 参见陆诗忠:《论抽象危险犯理论研究中的若干认识误区》,载《河南大学学报(社会科学版)》2016 年第 3 期。

③ 参见王志祥、黄云波:《论立法定量模式下抽象危险犯处罚之司法正当性》,载《法律科学(西北政法大学学报)》2016 年第 3 期。

结果属性。①钱叶六教授也认为预备犯中预备行为的危险是一种抽象的危险,着手实行的危险应是一种直接、现实、紧迫的危险,只有将未遂犯中的危险理解为一种结果的危险才能区分未遂犯与不能犯的界限。②

其四,行为危险说与结果危险说兼有。在理论研究过程中,由因素理论发展到体系性的整合似乎是一种必然的趋势,例如在西方犯罪学的演进过程中,早期学者们研究犯罪原因都从各个因素出发,如天生犯罪人理论、文化冲突论以及犯罪社会学理论,后期理论学者的研究就是站在巨人的肩膀上,将前人的理论研究成果整合为新的理论,例如明耻整合理论。③危险本质问题的研究也符合这一规律,在行为危险和结果危险之间的争论持续了一段时间后逐步走向整合阶段,有学者认为危险犯中的危险判断既包括行为危险的判断也包括结果危险的判断。吕翰岳博士认为危险概念的有效性价值体现在两个方面,一是标记了一种禁忌,体现出呼吁功能或者说规范功能,向社会表现出危险面对的负面评价;二是作为一个可操作的法的概念存在,借助于危险划定一个举止的界限,他认为危险的这两种价值都不能被替代,所以危险有多重含义,包括行为危险和结果危险。④

三、危险内涵的反思:行为危险和结果危险兼有

首先,应当反思危险本质之争目的何在? 危险犯研究中最基

---

① 参见卢建平、王志祥:《危险犯概念之研究》,载于何鹏、李洁主编:《危险犯与危险犯概念》,吉林大学出版社 2006 年版,第 29—30 页。

② 参见钱叶六:《犯罪实行行为着手研究》,中国人民公安大学出版社 2009 年版,第 180—181 页。

③ 参见张旭、单勇:《犯罪学基本理论研究》,高等教育出版社 2010 年版,第 72—82 页。

④ 参见吕翰岳:《未遂处罚根据的功能性危险论证》,载《中外法学》2019 年第 6 期。

本的问题就是危险的本质是什么？针对这一问题理论界的学者们争论各执一词根本达不成共识，众多的理论观点都是经过缜密的思考和精准的语言加工而形成，从形式上看起来具有很强的逻辑性和理论价值，但这些令人眼花缭乱的观点阐释不过是学者们基于各自不同的理论立场而作出的解读，部分观点只是在玩文字游戏，明显与当前的法治现状不吻合。当前在众多观点之中探究危险犯的本质如同雾里看花，为了不陷入思维定式的争辩旋涡中，需要换个角度思考：为何危险犯的本质如此重要？危险的确定能够起到何种作用？从立法层面而言"危险"是设立危险犯的前提条件，有需要刑法所禁止的危险才能设立危险犯的规定；从司法层面而言"危险"能够限制危险犯的成立范围，行为具备危险才具有可罚性。无论是客观危险说与主观危险说的对抗，还是客观危险说内部的争论，似乎最终的落脚点都是危险的判断，所以对"危险"的解读直接影响到危险犯成立的范围，行为危险说也好结果危险说也罢，最终目的都是在寻求限制危险犯的理由，例如结果危险说的提倡者，表面上是说刑法中的危险指的是法益侵害结果发生的可能性，实质上想要说明的是，若行为没有导致法益侵害发生的可能性不能作为犯罪处罚。

其次，厘清危险本质可能包含的内容。通过对我国理论界危险本质之争的考察，主观危险基本不在讨论的范围，主要的战火集中在行为危险与结果危险之间，从危险功能性的角度出发问题就转化为危险犯的司法认定过程中，依据行为危险认定还是结果危险认定危险犯的成立，而想要解决这一问题先要搞清行为危险与结果危险的内涵以及两者之间的关系。我国刑法理论界认为在大部分情况下行为危险与结果危险内容相似很难区分，[1]仅有在行

---

① 参见郝艳兵：《风险刑法：以危险犯为中心的展开》，中国政法大学出版社2012年版，第178页。

为出现中断的情况下,类似于隔离犯的情况行为危险与结果危险才会存在差异,这种对行为危险与结果危险内涵的理解并不精准。行为危险与结果危险确实是从不同侧面对行为的评价,行为危险是从事实发生的角度,从行为人主观意识的产生到付诸行动的过程,此时行为危险作为一种行为的属性既包括主观因素也包括客观因素,此时危险是一种抽象的危险,而结果危险事实上是客观的一种因果流程的判断,是事后根据查明的全部事实,通过科学的因果法则判断行为与结果的关联性,仅是对行为客观层面的判断。从客观层面上看,抽象的危险与具体的危险内容是不同的。所谓抽象的危险只是行为可能造成危害后果的出现,至于危害对象和危害结果发生的途径都是未知的;而具体的危险是行为已经有了明确的现实化的可能性,危害的对象和结果发生途径已经是相对明确的,抽象的危险内容本身很丰富,包含着多种可能性,随着行为推进导致的具体危险也是抽象危险的诸多可能中的一种,所以行为危险与结果危险在内容上确实有相似的部分,但并不是完全重合,行为危险与结果危险难以区分是技术性的难题,并不是因为两者所涵盖的内容相同。

最后,透过理论立场之争思考限制危险犯处罚的"危险"究竟为何?危险本质的讨论实质上是为司法实践中危险的判断而服务的,即危险本质是行为危险还是结果危险决定着危险判断的核心内容。若将危险理解为结果的危险,则危险的判断就是客观因果流程的判断,即通过现有人类认识到的科学的因果规律从事后的角度看行为与结果之间的关系,例如在持枪杀人的案件中,危险的认定就是判断扣动扳机开枪的行为是否具有导致他人死亡结果出现的可能性;若将危险理解为行为的危险,需要判断的内容是行为时行为人的主观心态以及行为人的客观行为可能导致的抽象危险,脱离行为人主观心态的行为只是一种机械性的物理举动而没有任何意义,所以行为主观面和客观面根本不可能割裂。对比而言,行为危险与结果危险在客观层面上的内容可能会重合,两者之间最大的差异在于行为危险中包含主观因素而结果危险中不包括。危险在日常用语中指的是可能导致灾难或失败,即危险是导致负面结果的一种可能性,刑法中的危险与日常用语中的危险在文意表述上应该相似度很高,所以结果危险应该属于刑法中危险所涵盖的内容,但考虑到刑法中的危险是一个价值判断的结果,其包含的不仅是客观层面内容还应该有主观的内容,所以行为人主观心态必定要属于危险内涵的一部分。一方面,司法实践中仅以行为危险作为限制危险犯成立的条件,那么客观上不具有法益侵害结果发生可能性的行为也会被纳入刑事处罚范围,可能导致刑法的处罚范围过宽;另一方面,司法实践中仅根据客观因果律判断具有结果发生的可能性,进而直接认定行为构成危险犯,即使不考虑这种纯客观因果判断实现的可能性,具有结果发生可能性的原因行为未必能体现出行为人的法敌对意志,排斥主观要素的客观因果判断丧失了法律规范性评价的特征。因此,虽然在危险本质的问题上,行为危险说和结果危险说各不相让,但在危险犯的司法认定过程中,行为危险与结果危险缺一不可是显而易见的事实。

第二节 预备犯中"危险"的涵义

一、预备犯的本质:危险犯

刑法的目的在于法益保护,刑法处罚犯罪预备显然不是因为预备行为造成了法益侵害的后果,而是因为预备行为具有引起法益侵害后果的危险,从这一点来看,预备犯的处罚根据与危险犯的处罚根据完全相同。①虽然这一理论观点在国内外都得到广泛的认同,但还是有学者提出质疑,认为即使预备犯与危险犯都是以法益侵害的危险为处罚根据,但并不代表所有以法益侵害危险为处罚根据的犯罪都是危险犯。预备犯中的"危险"与危险犯中的"危险"存在一定的差异,前者是一种非独立犯罪的危险,是作为实质违法根据的危险,后一种危险是独立犯罪类型的危险,是通过构成要件解读出来的规范性的危险,预备犯与危险犯本质上属于不同的犯罪形态,不能混淆。②针对预备犯与危险犯的关系问题理论上存在分歧,分歧产生的根源在于对危险犯概念的不同理解,刑法理论中"危险犯"这一概念有两种不同的理解方式:

第一种理解方式,危险犯是指行为人实施了刑法分则规定的犯罪行为,足以造成某种危害结果发生的状态即构成既遂犯。在这一语境之下,危险犯与结果犯、行为犯和举动犯并列,是犯罪既遂的类型之一,而预备犯是犯罪未完成形态的一种,所以预备犯中的"危险"与危险犯中的"危险"涵义不同。第二种理解方式,危险犯是指行为对法益或者犯罪客体构成危险就可以成立犯罪。③此时危险犯与实害犯是一对对应的概念,在既遂形态之中除了结果犯以外,所有的既遂形态均是危险犯,犯罪未完成形态也属于危险犯,④所以预备犯也是危险犯的一种表现形式,预备犯中的"危险"与危险犯中的"危险"并不存在差异。目前我国刑法理论中通说观

---

① 参见张明楷:《刑法的基本立场》,商务印书馆 2019 年版,第 244—245 页。

② 参见李婕:《抽象危险犯研究》,法律出版社 2017 年版,第 43—45 页。

③ 杨春洗、高铭暄、马克昌、余叔通主编:《刑事法学大辞书》,南京大学出版社 1990 年版,第 513 页。

④ 李洁:《危险犯之危险研究》,载《淮阴师范学院学报》2004 年第 6 期。

点采纳的是第一种理解模式,认为危险犯属于既遂形态的一种。之所以得出这样的结论,其背后的理论支撑是我国刑法分则的规定是犯罪既遂模式,所以刑法分则中规定的危险犯就属于犯罪既遂形态,但这种理论的构建前提本身有失偏颇,理由是:

其一,犯罪既遂作为犯罪停止形态的一种,其容纳的仅能是故意犯罪,而我国刑法分则中存在数个过失犯的规定,难道这些过失犯的规定也能称之为既遂犯? 其二,既遂模式说缺乏法律依据。在一些大陆法系国家的刑事立法中,总则中明确规定刑法分则的犯罪规定模式是既遂模式,①或者明确在总则中规定犯罪未遂的内涵,并将犯罪未遂的处罚范围限定在刑罚分则特别规定的范畴之内,即分则之中存在"前款之罪未遂,亦罚"的规定才处罚,这种立法也表明刑法分则规定的是犯罪既遂形态。有法律明文规定的情况下,刑法分则规定的犯罪模式是犯罪的既遂,但我国刑法总则中并没有明确分则的规定是犯罪既遂形态,也没有在刑法分则中对未遂犯单独规定,而是在总则规定原则上可以处罚所有犯罪的未遂。因此,从我国法律规定来看,刑法分则规定的是犯罪的既遂模式这种观点没有相对应的法律依据支撑。而且,我国刑法总则中对犯罪未遂的规定,仅规定了其处罚的量刑规则,并没有对未遂犯的犯罪构成作出明确的规定,若刑法分则规定的仅是犯罪的既遂模式,那么未遂犯处罚的刑事法律依据何在? 这种既遂论的观点湮灭了犯罪未遂处罚的法律依据,使得犯罪未遂的处罚有违反罪刑法定的危险。②其三,既遂模式说与我国刑法分则规定的实际

---

① 《巴西刑法典》第 12 条规定:"当构成法律上明确规定的一切犯罪要素时,是既遂。"

② 苏彩霞:《危险犯及其相关概念之辨析——兼评刑法分则第 116 条与第 119 条第 1 款之关系》,载《法学评论》2001 年第 3 期。

内容不吻合。犯罪既遂是一种停止形态,标志着犯罪的结束,在行为犯中行为的结束即为犯罪的既遂,在结果犯中实行行为结束并且有危害结果出现才算是犯罪的结束。①我国刑法分则具体罪名的规定中包含两部分的内容,犯罪构成要件的描述和法定刑的规定,若分则规定的是犯罪的既遂模式,那么行为、结果都应该从罪状描述中有所体现,但是分则具体条文的规定却并不是这样的。例如故意杀人罪,犯罪构成的描述中只是对行为进行抽象性地概括,并没有体现出死亡结果的规定。所以从罪状描述的角度也不能认为刑法分则规定的犯罪模式是犯罪既遂形态。其四,将刑法分则规定理解为既遂犯的规定违背常理。根据我国法律规定,未遂犯是行为人犯罪意图未得逞的犯罪,与之相对的既遂犯就应该是犯罪意图得逞的犯罪,若将危险犯作为犯罪既遂的类型之一,那么行为人致使电车、船只等交通工具有毁坏的危险就被认为已经"得逞",这与正常人的心理状态相违背。②

刑法分则规定的是犯罪成立的条件,也就是犯罪构成,犯罪构成能够起到区分罪与非罪、此罪与彼罪的作用,却不能作为区分犯罪形态的标准。犯罪构成和犯罪形态解决的是两个不同层面的问题,犯罪构成解决的是行为定性问题,一个罪名无论是既遂状态还是未遂、预备状态都应满足同一犯罪构成,否则犯罪构成就无法成为认定犯罪的唯一标准;而犯罪形态解决的是量刑的问题,需要结合案件事实与未遂犯、预备犯的特征进行区别。③将分则的规定理

---

① 路军:《"生产、销售伪劣产品罪"实行行为类型新释》,载《法商研究》2018年第2期。

② 参见苏彩霞、齐文远:《我国危险犯理论通说质疑》,载《环球法律评论》2006年第3期。

③ 参见苏彩霞、齐文远:《我国危险犯理论通说质疑》,载《环球法律评论》2006年第3期。

解为既遂形态的规定混淆了犯罪构成与犯罪形态之间的关系,所以刑法分则的规定应该是犯罪的成立模式,以此为前提,危险犯中行为造成的危险就是犯罪构成要件。第二种危险犯的解读方式更为可取,虽然危险犯中的危险是明示在刑法规定中,而预备犯的危险无法具体的在犯罪构成的规定中明示,但本质上,无论是危险犯中的危险还是预备犯中的危险都是构成犯罪不可或缺的条件,其内涵都是造成法益侵害的一种可能性,从这一角度来理解,危险犯与实害犯是对应的一对概念,犯罪的未完成形态都属于危险犯的范畴,预备犯作为犯罪未完成形态的一种类型也属于危险犯。

二、从刑罚目的视角论证预备犯的危险

刑法的目的是法益保护,以此为基础,刑法的处罚依据有两种,一是造成了法益侵害的行为,二是可能导致法益侵害危险的行为。就预备犯而言,其处罚的依据显然是因为预备行为具有法益侵害的危险性,换句话说预备行为需具有法益侵害的危险性才具有可罚性,即危险认定是限制预备犯成立的实质要件。有学者认为根据危险程度的不同分为具体的危险犯和抽象的危险犯,具体危险犯是在法定的构成要件中明确地要求了危险的内容,这种危险已经有明确的指向性,具备向危害结果转化的充分条件,是一种具有实现可能性的危险;而抽象危险被认为是一种法律拟制的危险,未体现在构成要件的规定中,危害结果转化为现实的条件也不充分,仅是一种抽象的可能性。①犯罪预备行为与法益侵害结果之间的关联尚不紧密,由于预备犯的成立要依附于不同的犯罪构成要件,所以刑法对构成预备犯所要求的危险无法具体地通过规范

---

① 参见董泽史:《危险犯研究:以当代刑法的转型为导向》,社会科学文献出版社 2015 年版,第 31—37 页。

性的表述明示,而且犯罪预备行为的危险实现途径也不确定,所以预备犯具有的是法益侵害的抽象危险。部分学者主张抽象危险犯的危险是行为的危险,[①]依照这种观点,预备犯中的危险就是行为的危险,至于预备行为所指向的犯罪行为是否会导致危害结果发生不予要求,这种观点存在明显的逻辑瑕疵。从司法的角度,犯罪预备行为这种明显社会危害性较低的行为,刑法应当严格控制其入罪的范围,这就要求危险判断的标准应当高一些。而仅要求行为危险和行为危险、结果危险都要求相比较,明显后者的危险认定更为严格,所以对于社会危害性较低的行为反而采用相对宽松的危险认定标准,而社会危害性较高的行为却要求了更高的危险认定标准,这意味着对社会危害性较低的行为处罚更为严格,这种限定犯罪圈范畴的方式不合乎正常的刑事逻辑。

大陆法系刑法理论中危险的不同理解可以追根溯源到不法理论的立场不同。违法的本质是行为无价值还是结果无价值决定了对危险的理解是行为属性还是结果状态,而违法本质的背后彰显的是不同的刑法目的价值导向,即刑法的目的是规范维护还是法益保护决定了违法的本质是行为无价值还是结果无价值。当前我国理论界对刑法中危险的本质进行论证时,也会以行为无价值、结果无价值或是违法二元论的立场为基础展开,但违法本质的争论植根于阶层犯罪论体系,在我国通说四要件犯罪构成体系框架之下不存在违法本质的讨论,也就没有行为无价值与结果无价值争论的内生动力和必要性。[②]在我国传统犯罪构成理论体系的语境

---

① 上文阐述我国学者对危险本质的争论中,其中一种观点就是行为危险与结果危险区分说,这种观点认为抽象危险犯的危险属于行为性危险,具体危险犯的危险属于结果性危险,有很多学者都认同这种观点。

② 参见陈璇:《结果无价值论与二元论之争的共识、误区与发展方向》,载《中外法学》2016 年第 3 期。

之下,不考虑行为无价值与结果无价值的龃龉,难道就不能正确认识预备犯中的危险吗? 事实上,刑法中的不法由刑法任务所决定,例如将刑法的目的定位于法规范效力的保护,则违法的实质就应解释为违反法规范的行为,进一步确定刑法中的危险应当是具有行为属性的危险,所以违法的实质是连接刑法目的与危险内涵的媒介或解释的工具而已。虽然三阶层与四要件在构成要件体系建构层面上差异很大,但其本质上是理论研究层面上学者基于不同立场的解释选择,而在解释刑法规范价值内容的层面上三阶层与四要件并没有区别,也就是说在刑法的价值问题上不同体系的刑法理论之间可以对话。因此,针对预备犯中危险内容的探究,与其深陷各种违法论的争端之中,不如跳出固有思考模式,以刑法的价值取向为出发点,建立刑法目的与危险内涵之间的内在联系,通过对预备犯中危险的解释以回应刑法的目的。

(一) 刑法目的变化与坚守

依照传统观点,刑法的目的就是法益保护,但随着法益保护前置化立法趋势的发展,积极的刑法观逐渐崛起,刑法防控风险的功能也逐渐被学界认同,甚至有学者认为:"刑法的性质已经不再是惩罚法而是风险防控的工具,现在的刑法是偏重于预防的政策型刑法。"[1]还有激进的学者认为当前网络技术发展迅猛,未来社会将会进化为网络社会,传统刑法终将被网络刑法所替代,刑法将主要成为应对网络风险的工具。[2]将刑法的目的定位于风险防控而不是法益保护,这种观点遭到学界的强烈抨击,反对者认为刑法的发动以实际的法益侵害或能够被明确预估到的法益侵害的危险为

---

① 参见劳东燕:《风险刑法理论的反思》,载《政治与法律》2019 年第 11 期。
② 参见孙道萃:《网络刑法知识转型与立法回应》,载《现代法学》2017 年第 1 期。

前提，能够限制刑法的处罚范围，而政策性刑法所治理的风险是无法预估的，若刑法的目的是风险防控就会虚化危险的概念，模糊犯罪圈的边界导致刑事处罚范围不明确，所以刑法应当坚持法益保护的目的。①法益保护原则一直是刑法价值实现的载体，在传统刑法向风险刑法的过渡过程中，法益保护的刑法任务并没有变，甚至愈加重要，理由是：

其一，法益保护与风险防控之间并非是二元对立关系，而是现象与本质的关系。不可否认部分社会风险一直都存在，只是由于人的认识水平提高了意识到了风险的存在而已，例如酒后驾车这种风险一直都存在，只是人们没有重视这一问题，随着人们对交通事故发生的原因了解得更多，发现醉驾行为隐藏着巨大的风险。但是还有一部分风险是科学技术发展带来的新型风险，例如武器军工和生化危机，都是因为科技水平的提升而创设出的新风险。这些风险不是仅存在于人的主观认知当中，而是具有现实化的可能，而且无论是哪一种风险都与个人法益息息相关，风险一旦现实化损害的落脚点还是落到个体身上，例如环境的风险或是网络风险一旦现实化，造成的是个人人身、财产的损害。风险刑法之所以强调风险的治理，目的在于防止风险现实化侵害到个人的人身、财产权利，所以不能只看到刑法风险治理的表象，要透过这一现象看清风险治理的终极目标还是为了法益的保护，风险治理与法益保护之间并不是对立的关系。当然，打着风险治理的旗号过分地扩张刑事处罚范围确实会侵害到个人的权利，从这一层面上看两者可能存在冲突，但那是因为风险防控政策在落实的时候采用的方式方法有问题，并不代表风险防控与法益保护之间一定是对立

① 参见陈兴良：《风险刑法理论的法教义学批判》，载《中外法学》2014年第1期。

关系。

其二,法益保护原则具有包容性。本来法益侵害说在刑法理论中已经站稳脚跟,但随着风险社会的来临,各国刑事立法活跃化立法扩张趋势明显,法益的内涵也随之作出调整,由物质性转向精神性,由个人法益扩张至超个人法益。这种法益稀薄化的发展趋势导致法益侵害说受到冲击,有学者认为法益侵害说是基于个人主义和自由主义构建的,但法益的内涵逐渐抽象化、非物质化,这与个人法益保护主义就渐行渐远,甚至会导致法益概念的泛化,难以起到限制刑罚权发动的作用。持法益侵害说的学者对这些质疑给予了正面的回应,哈赛默就表示:"法益概念不是一成不变的,在符合宪法目的设置的范围之内,随着社会发展变化向着经验性的知识进步开放。"[①]还有学者认为虽然法益内涵包含超个人法益,但无论是维护公共法益还是保护个人法益,本质上都是为了个人发展的可能性服务,只不过保护公共法益是在间接地保护个人法益。[②]罗克辛教授认为法益作为一种最高法律原则必然要具备一定的抽象性,因为最高法律原则只是一种指导性的标准,在具体的案件中会体现出不同的具体内涵,同时他同意哈赛默的观点,认为法益概念不是静态的,要有一定的包容性,于是他将法益界定为:"安全、自由、保障所有个人人权和公民权的社会生活所必要的,或是建立在此目标上的国家制度的运转所必要的现实存在或目的设定。"[③]法律规范存在的价值就是将权利和义务分配,刑法规范存

① [德]克劳斯·罗克辛:《德国刑法学》,王世洲译,法律出版社 2005 年版,第 16 页。

② 参见[德]克劳斯·罗克辛:《对批判立法之法益概念的检视》,陈璇译,载《法学评论》2015 年第 1 期。

③ [德]克劳斯·罗克辛:《刑法的任务不是法益保护吗?》,樊文译,载《刑事法评论》2006 年第 2 期。

在的目的一定是为了保护某些权利,而这些权益统称为法益或是其他概念没有什么区别,而且因为法益内涵发生变化就全盘否定法益的体系批判功能,将法益概念完全抛弃,将会导致刑法倒退回启蒙思想之前的水平,理论上将会丧失限制刑罚权发动的理由,面对风险社会的要求法益理论要作出一些调整,但不至于动摇法益侵害说在刑法理论中的基石地位。[①]

因此,即使处于风险社会背景之下也不能忽视法益的批判机能,若以风险防控替代法益保护成为刑法的目的,很可能造成刑罚处罚的滥觞。

(二)预备犯中危险的目的性回应

1.行为主观心态的判断:法规范效力的维护

首先,刑法的规范效力有助于实现刑法的任务。行为无价值论的思想基础是规范效力的提倡,持这种观点的学者认为刑罚的正当化依据在于刑罚的预防效果,刑法之所以要处罚规范违反的行为,是因为虽然具有法益侵害危险的行为尚未造成危害结果的出现,但重复实施这一行为就有导致危害结果发生的可能性。不能将人们的法益当做轮盘上的赌注,因此需要建立起规范效力,一方面能够使得人们畏惧刑法的规定不实施犯罪,另一方面能够通过禁止性的规定对人们的行为予以限定,指引人们行为的方向,以防止同种类型行为再次发生造成法益的侵害。持客观危险说理论的学者毫不留情地对规范效力理论予以抨击,认为法的规范效力只是理论上创造出来的一个抽象概念,没有实际的载体,而且没有任何证据表明人们会对法规范产生信赖,更不用说人们基于对法规范的信赖而抑制个人的行为,换句话说,处罚具有法益侵害危险

---

① 参见舒洪水、张晶:《近现代法益理论的发展及其功能化解读》,载《中国刑事法杂志》2010年第9期。

的行为以维护规范效力,并发挥行为规范的指引功能防止犯罪的发生,这种一般预防的效果能否实现是一个尚待证实的问题。①

其次,有证据证明刑法具有规范效力。法律规范具有行为规范的功能可以从三个方面证明:其一,霍布斯认为人类的天性中存在冲突的基因,当没有一个令所有人敬畏的权力出现之前,人类处于每个人对每个人的战争状态下,人们的生活充满了不安和恐惧,为了摆脱这种战争的威胁,能够享有和平的生活状态,人们愿意放弃自己的部分权利,授权给一个集体或个人从而形成国家,国家是共同权力的代表,其存在的价值是内求安定、外谋取和平。国家利用权力的威慑力设立法律规范限制人们的行为来实现国家内部的安定,人们出于对国家权力的信赖而遵守共同的法规范,所以从法规范的起源来看,其存在的意义就在于约束人们的行为从而赋予人们自由。②其二,犯罪学家雷克利斯提出一种犯罪遏制理论,认为人处在被苦难和困惑所包围的社会,社会不断牵引着人们去犯罪,而大部分人是没有犯罪的,人们不犯罪的原因在于存在抵御犯罪的内外部遏制系统,内部遏制系统是行为人个体抵御犯罪的能力,而外部遏制系统就是公认的规范指引,从犯罪遏制理论的角度也能证明法规范具有行为指引功能。③其三,罪刑法定原则是刑法的基本原则,罪刑法定原则对国民自由的保障是通过规范效力实现的,即国民通过对刑法规范的理解而明确自身行为的法律性质和后果,可以在合法的范围内享有自由,所以罪刑法定原则存在的前提就是承认法的规范效力,若不承认刑法的规范效力就是否定了罪

---

① 参见萧宏宜:《未遂犯的处罚依据及其影响》,载《东海大学法学研究》2015年第4期。

② [英]霍布斯:《利维坦》,吴克峰译,北京出版社2008年版,第60—83页。

③ 参见张旭:《犯罪学要论》,法律出版社2003年版,第31页。

刑法定原则存在的根基。卢梭曾说:"人生而自由,却无往不在枷锁之中。"绝对的自由是不存在的,在现代社会中最大限度保护人们自由的方式就是通过法律规范人们的行为,而法具有规范效力是人们遵守法规范的前提,所以规范效力有存在的价值,当需要通过刑罚手段确认法规范的效力时,规范效力就成为刑罚的目的。

最后,因为刑法的目的之一是保护法的规范效力,所以刑法应处罚具有规范违法性的行为。具体到预备犯中,构成预备犯的行为应该表现出规范违反性,这一特征与法益侵害结果的发生与否无关,是行为自身属性,即无论行为可能造成多大的法益侵害,若不能肯定行为本身具有规范违反性,那么导致法益侵害结果发生的行为就不属于刑法评价的对象,也就无需探究行为是否具有刑法上的危险。因此预备行为是否具有规范违反性是危险判断过程中的必要内容,行为人基于法敌对的意志实施的行为才具有规范违反性,所以在判断行为规范违反性时需要探究行为人的主观心态。

2.行为与结果关系的判断:法益保护原则

首先,法益保护原则是刑法学的基本原则。法益侵害说脱胎于社会契约论衍生而来的权利侵害说,后由比恩鲍姆反思权利说的基础上提出法益侵害说,法益侵害说保留了权利侵害说中从形式上限定犯罪范围的观点,并将刑法保护的权利由主观权利转向客观权利。①随后至1872年宾丁对法益概念进行界定成为当今德国刑法学通用的法益概念,认为"法益鲜明的区别于主观权利,犯罪不会导致主观权利丧失,只是造成了妨碍他人使用权利的后果"。②后期李斯特对法益的概念又有了一定的抽象化,认为:"法

---

① 苏永生:《法益保护理论中国化之反思与重构》,载《政法论坛》2019年第1期。

② 参见冀洋:《法益保护原则:立法批判功能的证伪》,载《政治与法律》2019年第10期。

益是法律所保护的人的生活利益,合法的利益就是法益。①"法益概念发展至今已经被大部分国家刑法学者所接受,成为刑法理论构建的基础,并在刑事立法和司法过程中发挥作用:一是在立法层面上法益有立法批判功能。刑事立法者在确立法律规范之前要考量是否存在值得刑法保护的法益,若不存在值得保护的法益,就不允许犯罪化,②例如处罚纯粹主观意识形态的法律规范或是违反基本权利和人权的法律规范不允许存在,再如仅违反道德的行为或是仅违反人类道德尊严等的行为也不应被合法化,③从这一角度法益具有体系性批判机能。二是在司法层面上法益具有规范诠释功能。法律规范的具体适用过程中势必需要司法机关根据具体案情对法条规定作出解释,借助于法益的概念司法机关在认定案件过程中能够明确行为的危害程度,更清晰地区分罪与非罪、此罪与彼罪以及处于何种犯罪形态之中。④

其次,法益保护理论已经植根于我国刑法理论之中。法益保护说在德、日刑法理论中由来已久而且长期存在,我国自 20 世纪末才开始引入法益保护的理论,对法益保护理论的研究时间不长而且这一理论被刑法理论界接受也经历了一番波折。因为法益保护理论的引入,我国刑法学者对犯罪的本质究竟是法益侵害还是严重的社会危害性进行深刻的讨论。有学者认为法益保护源于德日刑法理论,德日刑法理论中违法性的判断分为形式判断和实质

---

① ［德］李斯特:《德国刑法教科书》,徐久生译,法律出版社 2006 年版,第 6 页。

② ［日］关哲夫:《现代社会中法益论的课题》,王充译,载《刑法论丛》2007 年第 2 期。

③ 参见［德］克劳斯·罗克辛:《刑法的任务不是法益保护吗?》,樊文译,载《刑事法评论》2006 年第 2 期。

④ 参见赵运峰:《刑法法益的认识定位与功能分析——兼论法益分析对以刑制罪的影响》,载《北方法学》2017 年第 1 期。

判断,法益这一概念最重要的功能之一就是为实质违法性的判断提供依据,而我国刑法中犯罪构成要件是形式与实质的统一,满足犯罪构成要件就具有违法性,所以法益概念在我国没有立足的空间。①然而这种观点值得商榷,我国《刑法》总则中第 13 条有对犯罪的定量因素作单独的规定,刑法分则的具体犯罪的规定中也有数额犯和"情节严重"等定量因素的规定,所以认为在我国犯罪在犯罪构成之外没有实质刑事违法性的判断未免有失偏颇。实际上法益指的就是社会生活中法所保护的利益,对应我国刑法理论中刑法所保护的而为犯罪行为所侵害的是犯罪客体。表面上看犯罪客体指的是一种抽象的社会关系,而法益所代表是一种利益,两者并不对应,但社会关系具体指的是人与人之间的权利义务关系,人的义务无需法律保护,需要法律保护的只剩下权利,那么刑法保护犯罪客体本质上就是在保护权益,②我国刑法的目的就是保护权益不受侵害,这与刑法的目的是法益保护有异曲同工之处,如此看来我国刑法理论中也可以将法益概念引入作为刑罚权发动的正当化依据。法益保护理论引入我国已经 30 年多年,在引入的初期,学界对这一理论还存在疑虑,时至今日这一概念已经渗入刑法学研究的领域之中,甚至刑法教科书中犯罪的特征都已经表述为法益侵害性、刑事违法性和应受刑罚惩罚性,③这足以说明法益保护理论已经被我国刑法理论界接受。

最后,既然刑法的目的是法益保护,那么刑法处罚的犯罪行为都应该是具有法益侵害性或者至少有法益侵害危险的行为,具体到预备犯中,构成预备犯的预备行为应当是具有法益侵害危险的

---

① 郑军男:《不能未遂犯研究》,中国检察出版社 2005 年版,第 140—143 页。
② 参见张明楷:《法益初论》,中国政法大学出版社 2003 年版,第 181—182 页。
③ 李洁主编:《刑法学》,中国人民大学出版社 2014 年版,第 37 页。

行为,虽然预备行为的危险程度相对较低,但危险性的有无和危险性的大小是两个问题,若预备行为客观上与法益侵害后果之间无论如何也建立不起联系,就不应该对其进行处罚,否则就是违背了法益保护原则。

(三) 危险判断的内容:行为人主观心态和行为与结果之间的关联性

预备犯中的危险是认定预备行为能否构成犯罪的实质要件,从功能性的角度,危险性要求是限制预备行为构成犯罪的必要条件,而危险性所包含的具体内容与刑罚的目的又存在内在的联系,危险内涵的理解要以刑法的目的为思想基础,而刑法的目的又依靠危险判断呈现出来。结合刑法目的的理论分析以及预备犯中危险的功能性认知,从理论层面上,预备犯中危险应该既包括主观危险也包括客观危险,理由是:

首先,规范效力的保障与法益保护之间不是对立关系。针对危险犯中危险的理解,主观危险说和客观危险说的观点都有一定的局限性,主观危险说认为危险是行为人的法敌对意志,而客观危险说试图排除危险判断过程中的主观要素,并且拒绝承认法规范效力的价值,认为刑罚处罚的目的仅在于法益保护,危险应该是客观层面上法益侵害结果发生的可能性。从主、客观危险理论的争论来看,似乎刑法处罚危险犯的理由要么是规范违反,要么是法益保护,两者是互斥的关系只能择一。从文字表述来看,法益保护论认为刑法存在的价值是保护个体或群体利益不受侵害,而规范效力理论认为刑法的价值在于建立一种法秩序进而调整人们的行为,两者虽然对法律保护的对象有不同理解,但并不代表两者是对立关系,就如吃东西是为了快乐与吃东西是为了健康,这两者之间并不一定是对立关系,所以规范效力的保障与法益保护原则可以共存。

其次,规范效力的保障服务于法益保护。刑罚的设立是为了实现双重目的,直接的目的是通过刑罚的立法规定和司法适用来确认法规范所具有的效力,依据罪刑法定明确性的要求,刑法条文规范向社会一般公民传递出一种信息,即法律所允许的行为以及法律所禁止的行为是什么,公民有义务遵循行为的规范,当有人违反了行为规范势必对法规范的效力产生冲击,为了保证公民信任法规范并遵从法规范,就要对违反法规范的行为人予以刑罚处罚,向社会一般人宣示实施法禁止行为要面对不利后果,进而保证法规范自身的效力。①虽然法规范本身传达着正确的社会价值导向,但刑法的终极目的并非是保障这种正确的价值观,否则凡是违法行为都属于刑罚处罚的范畴,这与我国行政处罚与刑事处罚相区分的现状不符合,通过刑罚保障公民遵守法规范实际上是为了法益的保护,因为这些法规范禁止的正是具有法益侵害性或是有法益侵害危险性的行为。刑法的目的并不一定是唯一的,从直接的作用效果来看,刑法中犯罪构成的规定是司法机关惩治犯罪的依据,国家采用强制力强迫公民遵守法律规定意味着刑法确实有保障一种规范的效力,而建立、维护这种抽象的规范效力实际上是为了法益的保护,借助刑罚确认法规范效力进而间接地实现法益保护,换句话说没有规范效力的存在,法益保护就丧失了实现的途径。因此规范效力的保障与法益保护之间不是对立关系,两者都是刑法的目的。

最后,刑法的目的是为了保障法规范效力和保护法益,危险犯应该是违反了刑法规范且具有法益侵害危险性的行为,具体到预

---

① 〔德〕乌尔斯·金德霍伊泽尔:《法益保护与规范效力的保障——论刑法的目的》,陈璇译,载《中外法学》2015年第2期。

备犯中,预备行为应当是违反刑法的禁止性规定且具有法益侵害危险性的,一方面行为本身表现出行为人主观的法敌对意志,另一方面虽然行为与法益侵害后果之间不存在直接的因果关联,但为法益侵害后果的发生创造条件,起到一定的促进作用,因此在预备犯危险的认定过程中既包括主观的内容也包括客观的内容。

第四章

限制预备犯处罚范围的形式要件

限制预备犯处罚范围的过程实质上就是在对具有刑事可罚性的预备行为进行界定,从规范层面上可罚的预备行为应当具备形式合法性和实质合法性,一方面,实质合法性体现的是法益保护的思想,要求刑法处罚的预备行为具有法益侵害的危险性;另一方面,形式合法性体现的是罪刑法定的要求,即行为只有符合犯罪构成才具有承担刑事责任的可能性。[1]从形式层面上看,我国刑法中处罚预备行为的规定有两种,一种是在刑法分则中单独规定构成要件处罚预备行为,另一种是在刑法总则中概括性地规定处罚为了"准备工具、制造条件"的犯罪预备。前一种情况依照分则所规定的构成要件处罚预备行为,其形式合法性无可厚非,而后一种依照刑法总则处罚预备行为却面临法理上的正当性危机,有学者认为预备行为的规定欠缺类型化特征,不符合构成要件行为实行性的要求,也就是说刑法总则中规定的预备犯不具有完整的犯罪构成,处罚这种预备行为缺乏形式合法性,也不具有刑事上

---

① 参见郑延谱:《预备犯处罚界限论》,载《中国法学》2014 年第 4 期。

的正当性。①

虽然我国刑法总则中明确规定了处罚预备行为,但是由于对预备行为的规定过于抽象,缺乏类型性,导致其处罚正当性受到质疑。有学者认为客观主义背景之下的违法行为,无论是行为无价值论的立场还是结果无价值论的立场,都是以实行行为为基础构建的,对于缺乏实行行为性的预备行为,既不具有行为无价值也不具有结果无价值,处罚这类行为与刑法的基本原则——罪刑法定原则相背离。②有的学者认为预备犯不具有完整的犯罪构成,但是因为刑事立法的规定是具有可罚性的,它是犯罪构成的例外。③还有的学者认为刑法处罚预备行为不具有形式上的正当性,处罚预备行为的制度设计是基于刑事政策的考量,是为了保护法益的一种无奈的政策选择。④总体来说,否定预备犯具有形式合法性的思路是:因为预备行为欠缺类型性,而不具有实行性,所以预备行为不满足构成要件。⑤若基于大陆法系刑法理论的框架,犯罪成立条件采用的是三阶层体系,具体内容包括构成要件符合性、违法性和有责性,此时构成要件指的是刑法规定的违法行为类型。预备行为不具有行为类型性而不满足构成要件这种观点在阶层论体系之下具有合理性,然而我国刑法理论中构成要件指的是犯罪的组成结构及其规格和标准,具体包括犯罪客体、犯罪的客观方面、犯罪主体、犯罪主观方面。对比来看我国刑法理论中构成要件与大陆

---

① 梁根林:《预备犯普遍处罚原则的困境与突围——〈刑法〉第22条的解读与重构》,载《中国法学》2011年第2期。

② 参见蔡仙:《论我国预备犯处罚范围之限制——以犯罪类型的限制为落脚点》,载《刑事法评论》2014年第1期。

③ 徐逸仁:《故意犯罪阶段形态论》,复旦大学出版社1992年版,第56页。

④ 参见梁根林:《预备犯普遍处罚原则的困境与突围——〈刑法〉第22条的解读与重构》,载《中国法学》2011年第2期。

⑤ 参见郑延谱:《预备犯处罚界限论》,载《中国法学》2014年第4期。

法系中构成要件的内涵并不相同,预备行为类型性的欠缺并不能直接得出行为不符合构成要件的结论。①在我国刑法理论语境之下,处罚预备犯是否具有正当性,或者说预备犯是否具有完整的犯罪构成,实际上是在讨论预备犯这种特殊类型犯罪的成立条件,而预备行为类型化缺失是犯罪构成要件中客观方面所研究的内容。虽然这两个问题都与预备犯成立的形式要件具有相关性,但却是两个不同层面的问题,预备犯犯罪构成问题的研究是从宏观层面审视预备犯成立的形式要件,而预备行为的行为类型化性问题是从具体内容上对预备犯成立的形式要件进行思考。因此,应当对这两个问题分别讨论。

第一节　前提证成:预备犯形式正当性的确证

一、预备犯犯罪构成的理论检讨

刑法规定中并没有直接规定犯罪构成,刑法学者为了研究犯罪的需要根据法律规定对犯罪成立的条件进行解释,犯罪构成是刑事法律规范解释的结论。②在我国刑法理论语境之下,依据通说观点,犯罪构成是评价行为是否成立犯罪的唯一标准,具体到预备

---

① 周其华:《论犯罪成立要件与犯罪构成要件的异同》,载《中国刑事法杂志》2004 年第 6 期。
② 参见王充:《犯罪构成理论与犯罪事实认定关系考察》,载《法律科学(西北政法大学学报)》2020 年第 1 期。

犯中,预备行为符合犯罪构成是追究其刑事责任的前提,换句话说,犯罪预备行为满足形式构成要件才能成立犯罪进而具有刑事可罚性。[①]然而,预备犯具备完整的犯罪构成这种观点也并非万口一词,我国刑法理论在学习、借鉴国外刑法理论的过程中对犯罪构成的理解存在一定分歧,导致对预备犯犯罪构成属性的理解也存在争议,考虑到预备犯的犯罪构成是处罚预备行为的形式正当化依据,也是明确预备犯成立范围的核心形式要件,有必要对预备犯的犯罪构成进行检讨。

(一) 不完整的犯罪构成说之否定

否定预备犯具有犯罪构成的观点一,认为预备犯的犯罪构成与既遂犯的犯罪构成相比是一种不完整的犯罪构成,或者说是构成要件不齐备的犯罪构成。苏联刑法学者特拉伊宁曾经提出著名的两个公式阐释犯罪预备和犯罪未遂的构成:预备行为＝故意＋不是构成因素的行为;未遂行为＝故意＋是构成因素的行为－结果。从这一公式中可以看出特拉伊宁将危害结果看作是犯罪构成客观方面的必要要件,未遂犯和预备犯在犯罪构成上有残缺,属于不完整的犯罪构成。[②]我国刑法学者受这种理论的影响,认为犯罪预备行为与着手实行行为之间有区别,预备行为没有造成危害社会的后果,也没有直接侵害犯罪客体,所以构成犯罪的客观方面不齐备。[③]还有学者认为预备犯的犯罪构成与既遂犯的犯罪构成相比,在主观方面两者是相同的,都是直接故意,在客观方面预备犯

---

① 参见胡陆生:《犯罪预备的特征与责任根据评述》,载《犯罪研究》2003 年第 5 期。

② [苏]A.H.特拉伊宁:《犯罪构成的一般学说》,薛秉忠等译,中国人民大学出版社 1953 年版,第 253 页。

③ 参见张尚鷟:《中华人民共和国刑法概论(总则部分)》,法律出版社 1983 年版,第 161 页。

是在犯罪预备阶段成立,客观方面行为人没有将主观预期的危害行为和危害结果现实化,因果关系也仅是一种实际的可能性,所以预备犯的犯罪构成是一种不完整的犯罪构成。①

观点一存在明显的缺陷,首先犯罪预备行为虽然没有造成危害社会的结果,但已经存在侵害犯罪客体的可能性,即预备行为已经威胁到犯罪客体,从这一意义上,犯罪预备行为对犯罪客体也有危害,只是与犯罪既遂对客体造成的损害相比程度不同而已。②我国刑法理论中犯罪构成不仅是刑法理论研究的核心而且是刑事司法实践的重要指导,因为犯罪构成是评价行为是否构成犯罪的标准,是刑法规定的决定某一行为的社会危害性及其程度而为该行为构成犯罪所需要的客观要件和主观要件的有机统一体。组成犯罪构成内容的是犯罪构成要件,以犯罪构成要件是否为每一个犯罪所必须为标准区分为共同的要件和选择的要件,也就是说所有的犯罪都必须具有共同的要件,包括犯罪客体、犯罪客观方面、犯罪主体和犯罪主观方面。如果认为预备行为没有侵害犯罪客体且不满足犯罪构成,那么预备行为不可能构成犯罪,也就排除了预备犯承担刑事责任的可能性,但是我国刑法明确规定预备行为具有可罚性,所以依照构成要件不齐备观点推导出的结论与刑事立法规定不相符,不具有合理性。③

(二) 修正的犯罪构成理论之批判

否定预备犯具有犯罪构成的观点二,认为预备犯与既遂犯的

---

① 参见罗平:《关于犯罪的预备、未遂和中止》,载《辽宁大学学报(哲学社会科学版)》1979 年第 5 期。

② 参见高铭暄、王作富主编:《刑法总论》,中国人民大学出版社 1990 年版,第 202—203 页。

③ 参见鲍遂献:《论预备犯承担刑事责任的基础》,载《法学评论》1989 年第 4 期。

犯罪构成存在差异,预备犯的犯罪构成是一种修正的犯罪构成。大陆法系国家以处罚实行行为为原则,而且将实行行为的既遂状态作为犯罪形态中的核心和典型。这就导致犯罪构成要件单一化无法应对多样的犯罪形态,为了寻找预备、未遂等非常规的犯罪形态的处罚依据,大陆法系刑法学者提出了修正犯罪构成要件理论,即在实行行为既遂的犯罪构成要件基础之上,对构成要件进行部分调整以扩大其包容性,使得预备犯也能够符合构成要件。[①]这一理论自 20 世纪 80 年代由日本引入我国学界并被广泛接受,多部权威刑法教科书中犯罪构成被划分为基本的犯罪构成和修正的犯罪构成,基本的犯罪构成指的是刑法分则规定的既遂犯的犯罪构成,修正的犯罪构成是在基本的犯罪构成的基础上依照刑法总则规定对其进行修正,修正的犯罪构成被作为处罚未完成形态犯罪和共同犯罪的形式依据。[②]虽然修正的构成要件理论在我国认可度比较高,但随着理论研究的深入,这种观点受到的质疑越来越多,持修正构成要件否定论的学者与修正构成要件肯定论的学者分庭抗礼,预备犯的犯罪构成是否属于修正的犯罪构成属于修正犯罪构成肯定论与否定论争论的一个分支,总地来说修正构成要件的肯定论与否定论的矛盾主要集中在以下几个问题:

其一,实行行为的既遂形态看成基本构成要件的内容是否合理?修正的构成要件理论设置的前提是以实行行为的既遂状态为基本构成要件,而持否定论的学者则认为这一前提本身存在问题。首先,基本犯罪构成的选择存在逻辑纰漏。大陆法系刑法中实行

---

① 参见陈璇:《修正的犯罪构成理论之否定》,载《法商研究》2007 年第 4 期。

② 参见李洁主编:《刑法学》,中国人民大学出版社 2014 年版,第 33 页。另可参见高铭暄、马克昌主编:《刑法学》,北京大学出版社 2019 年版,第 143 页。

行为的既遂状态被认为是典型的犯罪形态,而预备、帮助、教唆等行为也会成为刑法处罚的对象,预备形态和未遂状态也会因具有法益侵害危险性而被刑罚处罚,但处罚这些犯罪行为和犯罪形态是刑法的例外。因为实行行为既遂犯的法益侵害性更为严重也更为直接,相比之下例外处罚的犯罪行为和犯罪形态法益的侵害就要显得弱一些,而且修正的犯罪构成与基本的犯罪构成相比具有残缺性。然而这种逻辑存在纰漏,共同犯罪的犯罪构成也被认为是修正的犯罪构成,其是在基本犯罪构成的基础上对主体的数量进行修正,只增加了主体数量,符合构成要件的共同正犯与满足基本犯罪构成的单独既遂犯相比,法益侵害性更强而不是减弱,因此修正的犯罪构成并非具有残缺性,以实行行为既遂犯法益侵害性更强为理由将其标定为基本的犯罪构成不成立。其次,犯罪构成的内涵具有包容性没有必要进行前提性预设。由处罚实行行为为原则扩充到例外的处罚预备、教唆等行为是刑事立法不断扩张的过程,这一过程中刑事处罚范围在随着社会的需求发生改变,但犯罪构成依然是犯罪的成立条件并没有发生修正。预备犯、未遂犯或教唆犯既然成立犯罪就要满足犯罪构成,犯罪构成的内涵本身具有一定的包容性,将犯罪构成的内涵前提性预设为实行行为既遂的犯罪构成,然后再通过修正的方式为其他犯罪行为的处罚提供形式上的依据无疑是在削足适履、画蛇添足。[1]最后,以实行行为既遂作为基本犯罪构成与我国的立法情况不符。大陆法系国家之所以将实行行为既遂的犯罪构成模式作为基本的犯罪构成,并创设修正的犯罪构成作为处罚预备行为、教唆行为的依据,这种理论的形成与彼国的刑事立法方式有直接关系。日本

---

① 参见陈璇:《修正的犯罪构成理论之否定》,载《法商研究》2007 年第 4 期。

刑法总则中规定犯罪未遂的处罚以实行行为着手为起点,未遂犯的处罚以刑法特别规定为限,这表明日本刑法以处罚实行行为为原则,处罚未遂行为为例外。而我国刑法总则中对着手实行行为、未遂行为以及预备行为都规定了刑事处罚。这两种立法模式本身存在差异,所以在我国立法环境之下以实行行为为处罚核心无据可循。

其二,犯罪构成是否具有唯一性? 修正构成要件辩证论的学者认为,一个犯罪只有一个犯罪构成这一命题存在疏漏,因为完成的犯罪构成中包含了未完成的犯罪构成所不包含的因素,所以两者之间虽然罪名相同,但在犯罪构成方面存在"量"的差异。[①]否定论的学者提出了合理的反对意见:

首先,犯罪构成是基于罪刑法定原则构建的犯罪论核心体系,其存在价值和意义是将犯罪行为明确化,犯罪构成是认定犯罪的唯一标准这是其权威性的来源,二元化甚至多元化的犯罪构成导致犯罪认定的标准不统一,犯罪人行为的评价结果具有不确定性,既动摇了犯罪构成的权威性也与罪刑法定所要求的明确性相忤逆。[②]其次,认为犯罪完成形态与未完成形态的犯罪构成不同是混淆了犯罪构成、构成要件以及构成要件要素这三个概念。犯罪构成是法律规定的决定某一行为的社会危害性及其严重程度而为该行为构成犯罪所必须具备的客观要件和主观要件的有机统一体。[③]依照我国通说的犯罪论体系,犯罪构成包括:客体、客观方面、主体和主观方面,这四个要件是犯罪构成的必要要件缺一不

---

① 参见王志祥、曾粤兴:《修正的犯罪构成理论之辨正》,载《法商研究》2003年第1期。

② 参见彭文华:《完结的犯罪构成与不完结的犯罪构成之提倡》,载《湘潭师范学院学报(社会科学版)》2009年第4期。

③ 李洁主编:《刑法学》,中国人民大学出版社2014年版,第39页。

可,而这四个犯罪构成要件之下又具体涵摄不同的构成要件要素,例如客观方面包括行为、结果、因果关系等要素。从位阶关系来看犯罪构成是构成要件的上位概念,而构成要件是构成要件要素的上位概念,犯罪完成形态和未完成形态在构成要件要素的部分确实存在"量"的不同,例如完成形态的客观方面要求有危害结果而未完成形态的犯罪客观方面则没有,但只是构成要件要素层面上的区别。在刑事案件司法认定过程中,行为人实施的行为要满足四要件才能成立犯罪,所以无论犯罪的完成形态还是未完成形态在构成要件和犯罪构成层面上应该是相同的。因此,对比犯罪完成形态与未完成形态的构成要件,没有必要创设多元的犯罪构成理论。

其三,犯罪构成与犯罪形态之间是否有联系? 主张修正构成要件理论的学者认为"犯罪构成是犯罪形态的实质内容,犯罪形态是犯罪构成的特定形式",[1]犯罪构成的功能不仅在于区分罪与非罪、此罪与彼罪,还包括区分完成形态与未完成形态、重罪与轻罪。而否定论的学者认为犯罪构成是为了研究犯罪成立而设置的一个比对标尺,犯罪形态解决的是犯罪成立之后的量刑问题,而不是解决犯罪成立条件的问题。[2]依据肯定论学者的观点,犯罪的认定是犯罪构成与犯罪形态交织在一起一次性的判断。而依据否定论学者的观点,犯罪的认定分为两部分,首先是判断某一行为是否具备四个构成要件,若具备犯罪构成的必要要件则表示这一行为已经构成犯罪,以此为前提再根据未完成形态犯罪的特征对犯罪的形态进行确认,进而确定犯罪行为是否应当处罚或者如何处罚的问

---

[1]　参见姜伟:《犯罪形态通论》,法律出版社1994年版,第6页。
[2]　孙燕山:《犯罪构成问题再探讨》,载《法律科学(西北政法学院学报)》1997年第6期。

题。若按照肯定论的观点，一个行为经过一次性判断就能同时解决犯罪成立及犯罪形态问题，那么完成形态的犯罪和未完成形态的犯罪都能被认定为犯罪，除非是这两类犯罪的判断标准不统一，也就是犯罪构成的种类不单一，而犯罪构成又应当具有唯一性，所以肯定论的观点还是缺少说服力。虽然应当承认在刑事责任认定过程中，犯罪构成与犯罪形态之间确实存在一定的关联，前者是判断后者的前提，但将犯罪构成与犯罪形态理解为犯罪认定的形式与实质要件是对这两个概念的内涵和作用存在错误认识。

(三) 预备犯犯罪构成的辩证

首先，预备犯犯罪构成的争议核心在于预备犯的犯罪构成是不是既遂犯犯罪构成的修正。通过对预备犯犯罪构成理论争议的考察，当前追随苏联刑法理论支持不完整的犯罪构成说的学者已经寥寥无几，犯罪构成作为犯罪评价标准的功能已经被刑法理论界所认同，不完整的犯罪构成说是刑法理论研究不成熟的产物，已经被摒弃。但有相当一部分学者受日本刑法理论的影响，提倡修正的构成要件理论，并认为移植修正的构成要件理论对预备行为刑事处罚的形式合法性问题作出了回应。总而言之，预备犯犯罪构成的属性问题目前有两种观点：其一是修正构成论的观点，预备犯的犯罪构成是既遂犯犯罪构成的基础上修正而来的；其二是犯罪构成与犯罪形态区分论的观点，犯罪构成是成立犯罪的最低标准，满足犯罪构成成立犯罪之后，根据行为的特征和犯罪预备形态的特征来确认预备犯的犯罪构成。

其次，修正构成要件的形成轨迹与我国的刑事立法规定不对应。修正犯罪构成理论植根于法律明文规定以处罚实行行为为原则的国家，基于这种刑事立法建构的构成要件理论强调行为形态的典型性与中心性，所以会将单独既遂犯的设罪模式作为基本的犯罪构成。①而我国刑事立法中并没有以处罚实行行为为原则的明确规定,我国犯罪构成的主要功能是为罪与非罪的区分提供纵向的而非全方位的判断标准,犯罪构成的重心放在犯罪成立的法益侵害尺度标定而不是形态的典型性。也正因如此我国的犯罪构成相对具有开放性和包容性,无论是分则中单独既遂犯的构成还是总则中预备犯、中止犯和未遂犯的构成模式都属于犯罪构成。②所以在我国的立法环境之下,犯罪构成的内涵没有被限制在实行行为既遂的状态,也就没有必要为了处罚未完成状态或共犯状态的行为不停修改犯罪构成,削弱其本应具有的稳定性和确定性,将犯罪构成作为成立犯罪的最低标准更适应我国的刑事立法状态。犯罪构成相当于一个参照系,对行为人实施的行为进行规范判断时,将事实情况与构成要件相比对来判断是否构成犯罪以及构成何种犯罪,在司法认定的过程中预备犯与既遂犯本质上都是犯罪,其所参照的犯罪构成应该是相同的。

最后,通过着手概念的消解以突破理论上刑事处罚预备行为形式正当性欠缺的窘境。修正构成要件理论存在的前提是以单独犯既遂模式作为基本的犯罪构成,而之所以设置基本的犯罪构成是因为很多国家法典中明确规定着手点为刑事可罚性的起点,刑事处罚的范围限定于着手之后的实行行为,这种立法模式是为了回应罪刑法定原则的要求,意在限制刑罚处罚的范围,防止刑罚处罚的恣意性,所以从理论层面上以"着手"点作为刑事处罚的起点具有重要的价值。我国刑事立法规定中并没有精确地将刑事处罚范围限定于实行行为,但刑法理论界考虑到刑法的机能以及刑法应当具有的谦抑性,对国外刑法理论中限定刑事处罚范围的规定

① 陈璇:《修正的犯罪构成理论之否定》,载《法商研究》2007年第4期。
② 郑延谱:《预备犯处罚界限论》,载《中国法学》2014年第4期。

普遍予以认同,接受着手相关理论,认为着手实行指行为人已经开始实施刑法分则规定的具体犯罪构成客观方面的行为,要求行为人着手实行时表现出的主观犯罪意志与犯罪预备时的犯罪意志相区别,客观方面对刑法所保护的法益造成迫切的危险。[①]综合分析、评价着手实行的认定标准,我国刑法通说的观点具有一定的合理性,理由一是着手实行的认定标准是主客观相统一的,杜绝了主观归罪和客观归罪的弊端;理由二是对着手实行的认定是形式和实质的统一,既有分则规定将行为的类型定型化又对行为的危险性有要求,所以我国通说关于着手实行的认定标准相对比较全面,具有一定的优越性。

　　然而,各个国家刑事处罚范围的不同致使"着手"功能存在差异,有的国家只处罚未遂犯不处罚预备犯,着手是区分罪与非罪的分界点,根据我国刑事立法,刑法既处罚犯罪预备也处罚犯罪未遂,着手是区分预备犯和未遂犯的标志,而不是以作为区分罪与非罪的价值意义存在。[②]而且学界对着手实行的理解和认定标准始终存在分歧,遗憾的是至今为止都无法为"着手"找到一个准确而普适的坐标点。于是有学者认为试图通过精确的数理模式解决刑法学问题的方法隐含着对人类理性的盲目崇拜,并不是一种科学的研究方法,与其执着地追寻着手点而陷入不断寻求精确却适得其反的恶性循环中,不如构建可罚行为的起点替代着手点来确定预备行为开始处罚的始点。[③]事实上各国已经开始积极探索新的途径消解着手概念,例如德国刑法通过建立案例群来区分不可罚的预备行为与可罚的实行行为,意大利刑法典中也抛弃了实行行

---

①②　赵秉志:《论犯罪实行行为着手的含义》,载《东方法学》2008年第1期。
③　参见高艳东:《着手理论的消解与可罚行为起点的重构》,载《现代法学》2007年第1期。

为起点为刑事可罚起点的概念,而是将刑法处罚的对象规定为"以相称的、明确的方式指向实施犯罪的行为"。①虽然着手理论颇具说服力,但因为这种理论观点存在自身定义上的缺陷而逐渐被各国刑法理论界质疑,况且这种理论与我国现行的刑事立法情况也并不吻合,我国刑法理论界也没有坚持下去的理由。如此看来,以着手点作为可罚性起点这种观点已经受到挑战、在逐渐消解,也就是说以单独既遂式犯罪构成为基本犯罪构成的根基已经被撼动,那么以基本犯罪构成不满足而否定预备行为可罚性的观点也应该有所转变。若犯罪构成不拘泥于单独既遂犯,可以从功能性的角度对犯罪构成进行重新思考,本质上犯罪构成存在的意义是作为区分罪与非罪的一个标准,既然我国刑事立法中已经明确了预备行为具有可罚性,也就是说预备行为也能构成犯罪,那么预备犯也就应该具有完整的犯罪构成。

总而言之,预备行为是否应当处罚是立法层面上的问题,而预备犯是否符合构成要件是理论层面上的问题,以预备犯不符合构成要件而否定其可罚性是将理论层面上的问题和立法层面的问题相混淆。大陆法系国家质疑预备行为形式处罚的正当性,并试图从理论层面上为预备行为的处罚寻找依据,是因为其刑事立法中没有赋予预备行为可罚性。但我国刑事立法已经明确规定预备行为具有可罚性,换句话说在立法层面上已经赋予预备行为处罚的正当性,没有必要再通过理论的变通为处罚预备行为寻找依据,反而是犯罪构成应当迎合刑事立法中预备犯的规定,据此在我国刑事立法语境之下,预备犯具有完整的犯罪构成。

---

① [意]杜里奥·帕多瓦尼:《意大利刑法学原理》,陈忠林译,中国人民大学出版社 2009 年版,第 308 页。

二、预备犯犯罪成立条件的具体阐释

我国刑法理论中,犯罪构成是构成犯罪所必须的主观要件和客观要件的有机统一体,具体来说,任何犯罪的成立都必须具备四个方面的要件:犯罪客体要件、犯罪客观要件、犯罪主体要件、犯罪主观要件。无论从理论层面上还是实践过程中,构成预备犯的犯罪也都具有这四个要件,当然预备犯区别于其他类型的犯罪具有其自身的特殊性,具体体现在构成要件之下的构成要件要素中,但从构成要件这一层面上,预备犯与其他形态的犯罪相比并没有区别。构成预备犯的行为人也应该具有刑事责任能力,即预备犯的成立有犯罪主体的要求,除此之外预备犯成立的条件还具体包括:

(一) 预备犯成立的客体要件

预备行为具有法益侵害的危险性才能构成预备犯。犯罪客体是刑法所保护的而为犯罪行为所侵害的社会关系,这里的"侵害"可以有多种理解方式。狭义的理解认为这里的侵害指的是直接、实际侵害了某种社会关系,但是这种观点与当前的刑事立法格格不入。当前刑事立法规定危险犯和未遂犯都是刑罚处罚的对象,危险犯中犯罪行为并没有直接侵害社会关系而只是对社会关系造成威胁,未遂犯中由于行为人意志以外的因素犯罪未得逞,未遂行为也没有直接侵害某种社会关系,而是提升了这种社会关系可能被侵害的风险,既然危险犯和未遂犯都是刑罚处罚的对象就不宜对"侵害"进行狭义解释,这里的"侵害"应理解为直接侵害了社会关系或是威胁到了社会关系。预备犯在犯罪预备阶段就停止下来,但犯罪预备行为已经在积极地为直接侵害社会关系的实行行为作准备,预备行为虽然不可能直接侵害社会关系,但只有对社会关系产生威胁,增加了侵害社会关系现实性的风险才能构成预备犯。

（二）预备犯成立的客观方面要件

构成犯罪的预备行为特征之一是将犯意表示现实化。预备犯的成立条件要求存在犯罪预备行为,这是为了与犯意表示相区分,以保证刑法处罚的对象是人的行为而不是思想。为了保护人的自由,从启蒙思想家们开始,法治国家针对刑事处罚问题始终坚持客观主义原则,一致反对对思想的定罪和处罚,认为刑罚处罚的对象只能是人的行为,孟德斯鸠就明确表示:"法律的责任只是惩罚外部的行动。"①现代刑法坚持的也是行为主义,处罚人的思想被认为是一种极端的主观主义思想,因过度压缩了人的自由而被法治社会所摒弃。所以若行为人仅有犯罪意图并没有付诸行动,则无论这种犯意是否通过语言形之于外,都不应受到刑法的苛责。从犯罪发生的流程来看,行为人在犯罪意图的指引之下开始为犯罪活动准备工具、创造条件,这是犯意现实化的第一步,只有犯意外化为行为才有处罚的可能性,否则行为人再恶毒的想法都只是虚幻的猜想,既无法被证实也没有任何危险性可言。我国刑法处罚预备犯的前提是存在预备行为,无论预备行为以何种方式表现出来,至少在客观上是外化的行为而不能只是行为人主观上的筹谋。

另外,预备行为与实行行为之间确实存在一定的差异。行为人产生犯意到转化为犯罪预备行为再到实行行为是逐步靠近犯罪目的的过程,在这一过程中行为的客观危险性呈上升趋势,实行行为是导致危害结果出现的直接原因,而预备行为只是间接促进危害结果的出现,这两种行为的危害性存在差别。刑法规范中对这两种行为的态度也存在明显的差异,部分国家规定刑罚处罚的对象是实行行为,例外的情况下才处罚预备行为,甚至有的国家完全不处

---

① ［法］孟德斯鸠:《论法的精神》,张雁深译,商务印书馆 1982 年版,第 197 页。

罚预备行为。我国则规定预备行为与实行行为都应处罚,但考虑到预备行为的客观危害性可以对其从轻、减轻或者免除处罚,预备犯与实行行为构成的犯罪在客观表现形式上确实不同,但是不能据此就认定预备行为没有满足犯罪客观要件,预备行为也是客观上外化的行为,能够成为刑法评价的对象,也可以是犯罪客观要件的组成部分。

构成犯罪的预备行为特征之二是表现形式呈现出多样化。我国刑法总则对犯罪预备行为的规定比较笼统,为了犯罪准备工具、创造条件的行为就是预备行为。之所以规定得如此模糊、宽泛是因为人的理性认识是有限的,无法事先预测到所有的预备行为类型,而且将预备行为通过列举的方式规定在刑法中也不现实,只能概括性地进行描述。根据司法经验的总结和归纳,犯罪预备行为的具体表现形式:一是准备工具的行为,这里的工具包括用以攻击被害人或抑制被害人反抗的器械;用以破坏、排除犯罪障碍的器械;对犯罪发生和完成有帮助的交通工具;用以湮灭证据的工具;等等。[1]二是为实行犯创造便利条件的行为,具体包括共同拟定犯罪计划行为、通过多种渠道纠集共同犯罪人的行为、设法靠近犯罪对象伺机行动的行为、提前调查犯罪对象的行为等。[2]

构成犯罪的预备行为特征之三是具有法益侵害的危险性。客观上预备行为的危害性有时表现得并不明显甚至与日常生活行为无异,但行为的客观面和主观面从来都不可能完全割裂,以犯罪为目的的预备行为是在积极促进犯罪发生,这一行为本身提升了法益侵害的风险,具有一定的社会危害性。而且随着社会发展进步,

---

[1]　参见高铭暄、马克昌主编:《刑法学》,北京大学出版社 2019 年版,第 148 页。

[2]　参见赵秉志:《犯罪未遂形态研究》,中国人民大学出版社 2008 年版,第 93 页。

犯罪手段也在"与时俱进",犯罪预备行为的危害性表现得也更为明显。例如网络诈骗的预备行为与传统诈骗的预备行为相比,其利用网络空间具有跨时空性和延展性的特征,诈骗信息在网络空间的流动范围更广,造成他人财产权利受损的可能性也更大,所以网络诈骗预备行为的危害性更大,对其处罚具有必要性和正当性;[1]又如在信息全球化时代,大量跨国恐怖组织得以"借由信息、视频、歌曲和照片在因特网这一理想的平台上进行极端鼓吹",甚至可能"通过技术手段捕捉浏览器宣传信息的访客,由专人对其中看似适合招募为恐怖活动者进行筛选,进而与其直接接触",显然这种制造"精细化"法益侵害的预备行为是在传统时代全然无法想象的。[2]从当前预备行为的处罚现状来看,刑罚处罚的预备行为从经验逻辑层面上与实行行为存在高度的密接性和连续性,而且通常与法益侵害结果的出现具有一定的关联性。

(三) 预备犯成立的主观方面要件

首先,犯罪预备行为与正常社会生活行为容易混淆。实行行为具有定型性、类型化特征而预备行为不具有,而且预备行为也没有直接造成法益侵害的结果,对犯罪预备行为的认定比较困难。行为人实施预备行为主要包括两种情况:其一是明显具有规范违反性的预备行为,包括违反行政法律法规和刑事法律法规的行为,例如为了抢劫购买、非法持有枪支、管制刀具等违禁品,这种行为与一般公民的正常生活行为相背离,客观方面就体现出社会危害性,这种犯罪预备行为比较好认定;其二是仅从客观表现上无法分

---

[1] 参见梁根林:《传统犯罪网络化:归责障碍、刑法应对与教义限缩》,载《法学》2017年第2期。

[2] See Irene Couzigou:"The Criminalization of Online Terrorism Preparatory Acts Under International Law", Studies in Conflict & Terrorism (2019), 1—2.

辨出是预备行为还是正常的社会生活行为,例如为了盗窃多次在同一小区来回踩点或者为了伤害被害人多次在公众场合跟踪被害人,这类行为的危害性比较隐晦,单从客观行为表现上很难确认行为的危险性,与正常的社会行为之间难以区分。①

其次,行为人的主观心态对行为性质的认定起到至关重要的作用。"无论预备行为可能侵犯多重要的法益,若不能确定行为人主观上具有非法意志就对其进行刑罚处罚,恐怕是将人毫无节制的工具化。"②行为人主观不法的内容对其客观行为的危险性产生直接影响,换句话说,行为人客观行为不法的判断离不开行为人主观不法的内容,尤其是当行为的客观方面表现出规范符合性时,主观不法的内容对于行为性质的整体判断就起着至关重要的作用。由于主观不法存在于人的意识中十分抽象,是司法证明上的难题,实践中只能将行为人客观方面的行为联系起来,经过逻辑性的思考进而推断行为人的主观心态。例如单从行为人购买水果刀的行为很难判断其是在为犯罪作准备还是为厨房添加工具,结合行为人和被害人长期以来的恩怨,行为人语言表述上威胁要捅死被害人,长期跟踪被害人等事实行为,推断其可能基于犯罪的故意而购买刀具。虽然承认预备行为主观不法的证明存在难度,但也不能因此而削弱主观不法在预备犯认定时的必要性。威尔哲尔提出的目的行为论中强调了行为人主观目的重要性,认为行为人基于自身的因果知识,在一定的范围之内能够预见到行为可能导致的后果,据此设定不同的目的,并且为了实现这一目的而有计划地调整自己的行为。③威尔哲尔认为人的行为不是简单受因果律控制的,

① 郑延谱:《预备犯处罚界限论》,载《中国法学》2014 年第 4 期。
② 黄荣坚:《基础刑法学》,中国人民大学出版社 2009 年版,第 310 页。
③ 马克昌主编:《近代西方刑法学说史》,中国人民公安大学出版社 2008 年版,第 502 页。

而是受到个人意志所支配的,这种观点得到刑法学界的广泛认同。客观行为究竟是犯罪预备行为还是正常生活行为,区分的核心点就在于这一行为是受何种意志所支配的,若行为人是基于犯罪目的实施的行为,在规范层面上这一行为就是在促进犯罪发生的行为,就具有可罚性。

再次,从犯罪类型划分的角度预备行为有特殊的主观要件。犯罪预备阶段是从时间维度上对犯罪过程划分的结果。犯罪过程时间线是犯罪发生、发展至完成,具体是指在犯罪动机的驱动之下形成犯罪决意,基于犯罪目的实施了预备行为,随后着手实行,完成实行行为后危害结果出现这一连续过程。[1]犯罪发展的过程是由几个环节组成的一个整体,从时间维度上这几部分被称为犯罪阶段。犯罪阶段与犯罪形态常被联系在一起,虽然这两个概念之间存在一定联系但也存在一定的差异,前者表现为犯罪行为的连续性,是时间概念,而后者表现的是行为停止下来的一种终局状态,是空间概念,前者呈现为线状的一个区间,后者呈现某个定点。犯罪预备、未遂、中止和既遂作为犯罪的结局代表的是犯罪形态,而犯罪阶段包括犯罪预备到犯罪实行阶段、犯罪实行至实行终了阶段以及犯罪实行终了到结果发生三个阶段,犯罪预备阶段和犯罪实行阶段是所有犯罪过程中都存在的,有些犯罪实行终了随之危害结果就发生,即犯罪实行终了到结果的发生不存在间隙。[2]犯罪预备是独立的一个犯罪阶段,自犯罪预备行为始至着手实行之前这一段时间内,行为人实施具有严重社会危害性的预备行为构成犯罪具有刑事可罚性,但根据行为人主观方面内容的不同可能构成不同形态的犯罪。我国刑法的犯罪中止发生在犯罪既遂之

① 参见徐逸仁:《对"故意犯罪阶段"的再认识》,载《法学研究》1984 年第 5 期。
② 参见陈兴良:《未完成犯罪研究》,载《政法论坛》2000 年第 3 期。

前,所以在犯罪预备阶段和犯罪实行阶段都有中止犯存在的空间,中止犯是指行为人自动放弃其行为或者有效阻止危害结果发生,在预备阶段若行为人自愿放弃实施预备行为就符合中止犯的特征,若行为人停止实施预备行为非基于自愿,是意志以外的原因导致的,则构成预备犯。

根据我国刑法规定,预备犯可以比照既遂犯从轻、减轻或免除处罚,而对于中止犯没有造成损害的应当免除处罚,造成损害的应当减轻处罚,预备犯和中止犯的处罚原则不同具有区分的必要。从刑法意义上来看,犯罪预备阶段的中止犯和预备犯在客观方面表现相同,都是已经实施了犯罪预备行为而未达到着手阶段就停止。因此只能依靠主观方面的不同对两者进行区分,预备犯与中止犯相比较,主观方面的区别就在于导致其行为停止的原因是意志以外的因素而非自愿。

总而言之,行为人主观基于为犯罪作准备的主观意图,客观上实施了为犯罪作准备的活动,而且预备行为在犯罪预备阶段由于意志以外的因素停止,只有完全满足这些主客观要件的要求才能构成预备犯。有鉴于此,预备犯具备犯罪客体、犯罪客观方面、犯罪主体、犯罪主观方面的内容,也就是说满足必要的构成要件,因此预备犯具有完整的犯罪构成。

第二节　核心问题:预备犯 行为类型化缺失

通过对预备犯犯罪构成的解析发现,在我国的刑事立法语境之下,处罚预备犯具有形式上的正当性和合法性,预备犯具备完整的犯罪构成。但是预备犯的司法适用情况仍然不甚理想,预备犯的处罚范围仍然有待限缩,究其根本原因是刑事立法对预备行为的表现形式规定过于抽象,缺乏类型化和定型性,而司法过程中对预备行为类型也没有形成实践的统一标准,由此导致预备犯成立范围的边界不清,基于此,要明确预备犯成立的形式要件,核心点在于将预备行为类型化。

一、预备犯行为类型化缺失的困境

(一) 立法层面上预备犯类型化存在困难

首先,预备行为类型化是认定预备犯的关键。预备犯立法类型化的过程应当是对具体案件中预备行为的特征进行归纳、整合,抽象出构成犯罪所需的共性要件,再经过语言文字的加工展现出来,实际上就是寻找预备犯犯罪构成和说明犯罪成立条件的过程。犯罪构成要件中最重要的要素是行为,行为是犯罪构成的"骨髓",其他的犯罪构成要件和构成要件要素都是依附于行为的"皮囊",即使刑法规定中没有直接对预备犯进行规定,只要预备行为的类型化特征明显,司法实践中对预备犯的认定也相对容易,预备犯的成立范围也就相对明确。就如虽然未遂犯规定的内容极其抽象,但未遂犯的成立依托于实行行为,而实行行为类型是确定的,犯罪未遂行为的类型也就相对具有明确性。

然而,预备行为方式复杂多样难以类型化。广义的行为分为实行行为和预备行为,实行行为的类型性特征比较明显而预备行为却缺乏类型化,主要原因是:其一,实行行为与法益侵害后果之间的关联性较强,而预备行为与法益侵害结果之间无直接关联。从刑事立法类型化的流程来看,一般是从具体个案的法益侵害结果开始逆向推理寻找造成结果的原因行为,但并不是所有与法益侵害有联系的行为都是实行行为,还要进行一定的筛选。例如甲希望乙被雷劈死劝说其雨天出门跑步,结果乙真的被雷劈死,虽然甲的劝说行为与乙的死亡结果之间有因果关系,但从规范层面上看,这一行为不宜作为处罚的对象,所以将其排除在杀人实行行为的类型之外。①"一个孤立的行为永远不应被指控为蓄意侵害或导出有罪的结果,除非配合相应的犯意,例如一个人出于开玩笑的心理用枪指着自己的伙伴,即便枪已上膛,在法律上看来也是无罪行为",②但若甲秉着杀人的故意持枪射杀乙,导致乙死亡,这一行为在客观上与死亡结果之间便已存在因果关系,在规范层面上也有处罚的必要,就被列为杀人行为的类型。实行行为类型化是借助现实的因果关系划定一个大致的范围,再由经验法则确定应当受刑罚处罚的行为类型,反观预备行为与法益侵害后果之间不存在直接的联系,不能通过因果关系寻找、定位预备行为,只能从经验常识的角度认定预备行为,而经验常识本身就是一个较虚的概念,所以预备行为的类型化难度系数比较高。

其二,实行行为与预备行为相比,引起的法益侵害危险存在类型性。实行行为未必一定导致法益侵害的结果,一些实行行为只是引起了法益侵害的危险,这种情况下实行行为与预备行为的实质区别在于侵害法益的危险程度不同。③随着刑事法律规范在风险社会中发挥越来越重要的作用,处罚危险犯的刑事立法规定逐渐增多,近些年来刑法分则中针对引起法益侵害具体危险行为

---

① 参见张明楷:《刑法学》,法律出版社 2016 年版,第 182 页。

② Leo Oxley, "When Does Preparation for Crime Become a Criminal Attempt?", 25:2, Kentucky Law Journal,(1944) 208.

③ 参见张明楷:《刑法学》,法律出版社 2016 年版,第 336 页。

的规定有所增加,同时对引起法益侵害抽象危险的行为规定也在扩张。立法者之所以能够将抽象危险犯的行为类型化,是因为根据生活经验这些行为会习惯性地引起类型化的不法状态,这类行为导致法益侵害结果发生的可能性很大。例如违反交通管理法规驾驶机动车时常会导致交通事故,导致人身、财产损失等危害后果的出现,虽然造成何种危害后果不能精确地确定,但是这类行为引发的危险已经有相对明确的类型性,所以依靠经验法则可以对这类行为规定为实行行为处罚。①反观预备行为,很多预备行为与正常生活无异,根据经验法则并不能从预备行为本身推演其可能引发法益侵害的危险,醉酒驾车这类行为的危险性指向较为明显,而购买水果刀这种预备行为是否具备危险很难确定,所以无法根据日常生活经验判断预备行为的危险性,从而对其进行类型化。

虽然从立法层面上将预备犯类型化理论上能够明确预备犯的处罚范围,但是考虑到预备行为与法益侵害后果以及法益侵害危险之间的联系相对比较薄弱,想从立法层面上将预备犯大面积地类型化有一定的困难,所以当前立法层面上预备行为欠缺类型化特征。

(二) 司法层面上预备犯类型化尚未实现

首先,司法层面上对预备犯类型化也能保证预备犯处罚范围的明确性。社会发展变化过程中对刑事法律规范的需求也在发生变化,若通过频繁地修改刑事立法的方式迎合社会需要,既不符合经济性的考量又会动摇刑法的安定性,于是近些年来不少学者开始重视刑法解释学,推崇刑法教义学的研究方法,刑法理论的研究

---

① 参见王永茜:《抽象危险犯立法技术探讨——以对传统"结果"概念的延伸解释为切入点》,载《政治与法律》2013年第8期。

重点也由立法论向解释论发生范式的转换。[①]现有的刑事立法不能为预备犯的认定提供相对明确的标准,而且从立法层面上预备犯类型化又存在重重困难,采用解释的方法尽量弥合刑事立法和司法实践之间的裂痕成为最优之选。具体来说就是司法机关从过去的预备犯处罚实践中探寻规律,形成认定预备犯的通行司法标准,也就是从司法的角度对应处罚的预备犯类型化,再以此指导未来的司法实践,长期下来可罚的预备行为的范围就会逐渐明朗。这种方式有效回避掉冗长繁杂的立法修改程序,还能有效保证案件处理结果的公平性。

然而,当前司法实践中并没有确定预备犯的类型。理论界早就将预备犯类型化的希望寄托于司法实践之中,试图从犯罪类型入手对可罚的预备行为类型化,认为只有重罪的预备行为才应受到刑事处罚。这种观点一方面考虑到刑罚处罚的对象是具有严重社会危害性的行为,另一方面考虑到预备行为只是为法益侵害实行行为作准备的行为,距离法益侵害的实际发生还存有一段距离,所以将构成预备犯的行为限定于重罪的预备行为,理论上看起来很有道理,但是由于"重罪"这一概念所涵盖的范围尚不确定,前提条件尚不具备,预备犯类型化的工作也就暂时搁浅。虽然有很多国家在刑事立法中对重罪与轻罪进行区分,例如《法国刑法典》中将犯罪分为重罪、轻罪、违警罪;《德国刑法典》中犯罪分为重罪和轻罪;美国的《模范刑法典》中犯罪分为重罪、轻罪、未罪和违警罪。[②]但我国刑法规定中没有对犯罪的轻重进行划分,司法实践中也尚未有轻重罪划分的通行标准,理论上有的依据犯罪客体的类

[①] 姜涛:《法教义学的基本功能:从刑法学视域的思考》,载《法学家》2020 年第 2 期。

[②] 参见郑丽萍:《轻罪重罪之法定界分》,载《中国法学》2013 年第 2 期。

型不同对轻重罪进行区分,有的依据法定刑高低设置不同区分犯罪的轻重,没有形成统一的观点,所以"重罪"这一概念在我国刑法语境之下只是一个概括性的形容词,并没有与之对应的特定范畴。虽然理论界和实务界都能认同处罚重罪的预备行为,但因为对重罪的范围认识不清也就无法确定重罪中预备行为的类型。

刑法理论上提倡将预备犯的处罚范围限定在重罪的犯罪预备中,已经寻找到预备犯类型化的突破口,但很遗憾还没有对处罚预备犯的重罪类型进一步的探究,若能够详细地将处罚犯罪预备的重罪明确,预备犯类型化就有实现的可能性。

二、预备犯行为类型化缺失的弊端

(一)刑事类型化的生成与应用

"类型化"研究法是当下比较热门的法学研究方法,宪法学、民法学以及税法学的研究都运用了类型化思维方式,[1]有部分刑法学者也开始提倡运用类型化思维解决刑法学问题。[2]类型化的思考方式对研究对象的陈述相对具体,一方面它将研究对象的特征和要素提炼、归纳出来,具有一定的抽象性;另一方面与抽象的概念相比,它又有进一步的展开和解释,体现出一定的具体性,所以类型化既是对抽象概念的演绎也是对具体事实的抽象,介于抽象概念与具体事实之间。[3]实际上,刑事立法和司法过程中一直都有

---

[1]　参见杜宇:《刑法学上"类型观"的生成与展开:以构成要件理论的发展为脉络》,载《复旦学报(社会科学版)》2010 年第 5 期。

[2]　已经有一定数量的文章提倡在刑事立法和司法中运用类型化思维的文章,例如齐文远、苏彩霞 2010 年发表在《法律科学(西北政法大学学报)》中的《刑法中的类型思维之提倡》一文,陈伟、蔡荣 2018 年发表在《法制与社会发展》中的《刑法立法的类型化表述及其提倡》一文,杜宇 2016 年发表在《中外法学》的《基于类型思维的刑法解释的实践功能》等文章都表达了这种观点。

[3]　参见杜宇:《"类型"作为刑法上之独立思维形式——兼及概念思维的反思与定位》,载《刑事法评论》2010 年第 1 期。

类型化思维的体现。

其一,刑事立法的过程就是行为类型化的生成。立法的任务是将大量纷繁复杂的生活事件以特定的方式进行归纳,提炼出法律要素,采用明确易懂的方法描述出来,并赋予法律意义相近的法律效果。[①]具体到刑事立法中,立法者首先对行为可罚与否进行前置性的判断,随后在具有可罚性的行为之间寻找共性特征,最后将抽象出来的法律要素通过法律规定的方式表现出来。举例来说,在类型化立法之前呈现在立法者眼前的一个个具体的现象,如张三持刀劫取他人财物、李四用炸弹劫取他人财物或者王五通过麻醉的方式劫取他人财物的事实,立法者在这些事实中提炼出行为主体、行为方式、主观意图等刑法意义上不可缺少的要素,将这些要素整合、概括为抢劫罪的构成要件。刑事法律规范对一般人而言是行为规范,是判断自身行为法律意义的参照,而对司法工作人员而言是裁判规范,是评价潜在犯罪事实的依据。纵观我国刑事立法的发展,立法正由"宜粗不宜细"传统理念在向精细化立法的现代理念转型,基于特定历史背景,在相当长的一段时间内,我国刑事立法的指导思想是"宜粗不宜细",但随着我国刑事立法技术不断提升,也积累了较多的立法经验,刑法粗疏化已经不符合社会发展需要。[②]从近些年来刑事立法的修改来看,立法的规定越来越细致、精确,而且由回应式的立法向前瞻式的立法转型。预备行为的刑事立法就体现了立法的精细化,刑法总则中概括性地规定"准备工具、制造条件"的行为是犯罪预备,这一规定是1979年《刑法》的产物,1979年《刑法》的制定过程中也曾考虑过将预备行为类型

---

① [德]卡尔·拉伦茨:《法学方法论》,陈爱娥译,商务印书馆2003年版,第332页。

② 参见赵秉志:《刑法修改中的宏观问题研讨》,载《法学研究》1996年第3期。

化,但是囿于当时立法技术尚不成熟,将预备行为规定得过于详细、具体会束缚审判机关的手脚,执行起来存在困难反而会导致不合理的现象。①然而,近些年来预备行为单独立法的规定越来越多,例如新增"准备实施恐怖活动罪""非法利用信息网络罪"等罪名,将具有可罚性的预备行为类型化,明确地规定在刑法分则中,这充分说明类型化思维在我国刑事立法中越来越受重视。

其二,司法实践过程中既有类型化的应用,也有类型化的生成。刑法类型化的生成与应用都依赖于构成要件,立法机关将事实要素抽象出来赋予其刑法意义上的价值,并构建出一个价值评价标准,司法机关对这一价值评价标准进行解释,并在司法三段论的大前提中应用这一标准,据此对行为进行正确认定。刑法类型化的生成过程就是立法规定行为类型和构成要件的过程,而刑法类型化的应用过程就是司法机关判断行为是否符合构成要件的过程,司法实践中不能直接将抽象的法律概念与具体的案件事实进行比对,必须要有构成要件作为连接事实与规范的媒介。需要注意的是,就我国当前刑事司法体系的运行状况而言,刑事司法实践中将类型化的行为标准予以应用的同时也自主生成类型化的行为标准,并且通过司法解释或指导性案例等方式表现出来。行为类型化的常规模式是通过立法方式将应当处罚的行为归纳、抽象、表述出来,但随着社会发展的加速,立法类型化的应对时常是滞后的不能满足社会的需要,于是司法解释先行探索,刑事立法后续确认的方式成为扩大犯罪处罚范围的一种新型模式,这种司法和立法的连动已经广泛存在而且被认为是推动刑事发展的有益经验。②

---

① 参见徐逸仁:《故意犯罪阶段形态论》,复旦大学出版社 1992 年版,第 62 页。
② 参见于志刚、吴尚聪:《我国网络犯罪发展及其立法、司法、理论应对的历史梳理》,载《政治与法律》2018 年第 1 期。

司法机关在实践中总结出行为认定标准,实际上也就是将应处罚的行为类型化的过程,所以司法实践中类型化的思维有多重体现,既有类型化的应用过程,也有类型化的生成过程。

司法的裁判过程就是将具体的案件事实与抽象的法律规定进行对比,进而确定行为性质的过程,这是一个由抽象到具体的过程,在这一过程中司法裁判者应当遵循的基本法律思维就是司法三段论。①三段论是两个前提推出结论的过程,大前提的内容是如果具备某种条件,则适用某种法律规定,而小前提的内容是具体的案件事实,根据小前提与大前提的对比确认具体案件中的行为是否适用法律的结论。②司法裁判过程中无论是立法的类型化生成还是司法的类型化生成,都是在确定司法裁判的大前提,为具体案件事实的认定提供标准,而类型化的应用就是对具体案件事实是否符合大前提中条件的判断。总之,刑法的类型化有巨大的价值,有助于刑法机能的实现。

(二) 削弱刑法的规范性价值

其一,预备行为类型化缺失导致刑法规范的行为指引功能减弱。法治是指政府的行为要受到事先制定规则的约束,而对个人而言,能够通过规则知晓政府如何使用权力,并基于此计划自己的行为。③简单地说,构建法治国家就是通过法律规则限制国家权力保证个人权利,所以国家法治实现的前提是要存在事先制定的法律规则,且这种规则能够被一般国民所理解,保证国民在行为之前对行为的法律意义和法律后果具有预测可能性。刑法规则确定的

---

① 参见王充:《犯罪构成理论与犯罪事实认定关系考察》,载《法律科学(西北政法大学学报)》2020 年第 1 期。

② 参见王利明:《法学方法论》,中国人民大学出版社 2012 年版,第 72—73 页。

③ 参见[英]哈耶克:《通往奴役之路》,王明毅、冯兴元等译,中国社会科学出版社 1997 年版,第 73 页。

过程实际上就是将刑法类型化的过程,通过行为和构成要件的类型化将罪与非罪、此罪与彼罪区分开来,刑法类型化与公民的预测可能性息息相关。①国民认识自身行为的法律后果依赖于刑法的类型化,刑事法律规范本身是抽象且模糊的,人们要对这些规范进行解释从而认识法律所禁止的行为类型。例如人们通过对抢劫罪规定的理解,认识到采用暴力、胁迫或其他方法控制被害人并劫取财物的这一类行为是禁止的,这一类行为又包含多种具体行为方式,如持刀胁迫被害人交出财物或直接用棍棒对被害人施加暴力逼迫其交出财物等行为都是刑法所禁止的行为。刑法的类型化将刑法禁止的行为从正常生活的行为中剥离出来,帮助人们认清合法行为与非法行为的边界,不会因为无法预测行为的法律后果而导致自由受限,若预备行为规定得过于抽象缺少类型性特征,无疑会给公民理解行为规范带来困难,进而削弱法规范的行为指引功能。

其二,行为类型化缺失对刑法的安定性产生负面影响。刑法规范具有稳定性才能保证国民对法秩序的信赖,朝令夕改的法律不能得到国民的认可和遵从。刑法规范本身有一定的局限性,因为立法者的认识是有限的,而且语言文字所能涵盖的内容也是有限的,同时法律规范一旦制定完成就带有滞后性,法律条文覆盖范围的有限性与需要法律调整的社会关系和社会生活的无限性之间存在矛盾,为了有效应对犯罪,应该充分发挥刑法类型化开放性的优势,给予法官对行为类型和构成要件的解释空间,消除立法过于僵化的弊端,平衡刑法的适应性和安定性之间的关系。②行为类型化未能实现导致的直接结果就是只能通过不断修改法条的规定去

---

① 马荣春、亢光辉:《刑法类型化的规范功能与刑法价值功能》,载《时代法学》2020 年第 3 期。

② 参见陈兴良:《罪刑法定主义》,中国法制出版社 2010 年版,第 151 页。

迎合社会的需要,这种方法显然是以破坏刑法的安定性为代价的。刑法类型化有诸多功能,一方面能够维护刑法安定性,同时也从侧面保证刑法的明确性,刑法具有安定性意味着其排斥溯及既往和变动不居,只有禁止溯及既往和变动不居才能保证刑法的明确性。[①]另一方面能够将抽象的法律规范进一步明确,能够更好地被国民所理解,为国民的行为提供指导。另外,刑法的类型化使得行为规范更明确,为惩罚犯罪实现特殊预防提供依据,也增强裁判规范的灵活性。

(三) 司法裁判的公平性难以保证

首先,行为类型化为法律适用提供了更为明确的标准,有助于减少行为认定的司法分歧。刑法规范不能将所有的犯罪行为都陈列出来,既不现实也不必要,立法者在对犯罪行为进行抽象性的归纳时会有一些概念在司法适用的过程中需要解释予以阐明。刑法中的概念分为描述性概念和规范性概念,前者是依靠感觉或经验可以认知的概念,例如"死亡""人"这一类的概念,后者在解释的过程中要掺入个人的价值判断,美国联邦最高法院大法官波特·斯图尔特曾就如何理解"露骨的色情"的概念作出经典的表述:它难以定义,但我看到时就会明白。这个充分说明对于"淫秽物品""凶器"这类规范性概念的理解需要加入司法裁判者的主观价值评价。[②]在具体案件中司法裁判者对规范性概念的理解很可能会存在分歧,而这种分歧会直接影响到案件的定性和量刑,甚至会引发同案不同判的问题。司法机关通过大量具体案件审理经验的总结

---

① 马荣春、尧光辉:《刑法类型化的规范功能与刑法价值功能》,载《时代法学》2020 年第 3 期。

② 参见杜宇:《基于类型思维的刑法解释的实践功能》,载《中外法学》2016 年第 5 期。

和反思,以价值性导向的思维模式将刑法规定中抽象的概念具体化,在司法系统内部将需要解释的概念类型化。例如抢劫罪法条中"入户抢劫"和"在公共交通工具上抢劫"的规定,都有对应的司法解释具体阐释什么是"户"或者如何理解"公共交通工具"这些概念,辅助刑事处罚的行为类型化的构建,法官在审理案件时都遵从于司法解释的类型化标准,保证案件审理标准的统一,也能够有效消除刑事处罚不公平的现象。另外,我国刑事立法中有很多类似于"情节严重"或"情节特别严重"这种定量因素的规定,这些规定比较模糊,成为引发刑事处罚不公的重大隐患,司法实践中将这类定量因素类型化,为犯罪和量刑提供了更为明确的、相对统一的认定标准,对于保障刑事法律实施的公平公正性起到至关重要的作用。

其次,行为类型化能够避免法律适用过度形式化,保证刑罚处罚的实质合理性。我国刑法理论界影响最大的争论莫过于形式解释论与实质解释论之争,1997 年《刑法》中罪刑法定原则正式法典化,形式解释论得到刑事立法上的支持,实质解释论的地位受到重创,但在理论界形式与实质之争依然延续,在这场论战中刑法学者们纷纷站位不吝笔墨,至今也没有胜负。①司法实践中的类型化是一种价值导向型思考,而实质解释论中也要求刑事解释不能停留在字面意思上,要以法益保护原则为价值导向划定刑事处罚范围,这两者的中心思想有异曲同工之处。②虽然形式解释论有罪刑法定原则背书,但是实质解释论在司法实践中也体现了一定优越性。例如根据《刑法》第 205 条虚开增值税专用发票罪的规定,从形式解释的角度,行为人只要有虚开增值税专用发票的行为就应当受到刑罚处

---

① 参见刘艳红:《形式与实质刑法解释论的来源、功能与意义》,载《法律科学(西北政法大学学报)》2015 年第 5 期。
② 张明楷:《实质解释论的再提倡》,载《中国法学》2010 年第 4 期。

罚,但现实生活中却存在有虚开增值税发票的行为却没有造成国家税收损失的情况。依照形式解释论的观点这类行为也应当受到刑事处罚,实质解释论者却持有异议,认为此罪设立的目的是为了维护国家税收管理制度,若只是为了虚夸公司业绩吸引投资并没有造成国家税收的损失不宜作犯罪处理。最高人民检察院采纳了实质解释论的观点,针对实践中存在的这一争议以司法解释的方式将虚开增值税专用发票的违法行为类型和犯罪行为类型进行区分。①刑法的任务是法益保护,只有侵害法益的行为才能构成犯罪,若根本不存在法益侵害,即使行为客观方面符合刑事条文的规定也不能将其认定为犯罪,否则就是不当扩大刑事处罚范围。所以实质解释论的结论更为合理,从整体的思维方式上,司法类型化与实质解释论的思路是一致的,都认为不能墨守成规地适用法律规定,要根据刑罚的目的将犯罪行为类型化,保证刑事处罚的实质合理性。

最后,具体到预备犯的司法认定中,因为预备行为的规定比较抽象并没有类型化,就会使得司法机关在预备犯的认定过程中"各自为政",因对法律理解的不同而对预备行为以及可罚预备行为的认定存在差异,可能会导致犯罪认定标准不统一。

三、预备犯行为类型化的必要性证成
——罪刑法定原则的要求

刑法处罚实行行为是常规操作,而刑法处罚预备行为总是面

---

①　最高人民检察院于 2020 年 7 月发布《关于充分发挥检察职能服务保障"六稳""六保"的意见》,第 6 点规定:"依法慎重处理企业涉税案件。注意把握一般涉税违法行为与以骗取国家税款为目的的涉税犯罪的界限,对于有实际生产经营活动的企业为虚增业绩、融资、贷款等非骗目的且没有造成税款损失的虚开增值税专用发票行为,不以虚开增值税专用发票罪定性处理,依法作出不起诉决定的,移送税务机关给予行政处罚。"

临诸多诘难。一是理论界对预备行为处罚根据的形式正当性予以否认,认为预备行为欠缺实行性而与犯罪构成要件理论之间存在冲突,也就是说预备犯不具有完整的犯罪构成,对其进行刑事处罚不具有形式上的正当性;二是司法实践过程中预备犯适用情况不佳,从司法程序的角度可罚预备行为的证明对象和证明材料飘忽不定,从司法裁判的角度预备犯的认定处于无章可循的状态,预备犯的成立范围模糊不清,可罚的预备行为的范畴难以确定。针对这些处罚预备行为的理论争议进行反思,首先通过前文的分析可知预备犯具有完整的犯罪构成,对预备犯形式处罚的正当性产生质疑可能是忽视了我国刑事立法中预备犯的特殊规定,或者是对犯罪构成这一概念没有本土化解读。但是,预备犯的犯罪构成在内容上确实存在瑕疵,理论上预备犯客观方面的内容中应当包含有客观的预备行为,而立法规定中也确实对预备行为有抽象的概括,即为了犯罪准备工具、制造条件的行为,但预备行为这一规定相对比较模糊,导致预备行为的司法认定存在困难,例如为了杀人组装枪支的行为是预备行为,那么为了组装枪支在网上购买零件的行为算不算预备行为?若预备行为没有类型化的归纳、总结,仅将其与实行行为的紧密连接性作为确认可罚预备行为的依据未免有些单薄,①而某一行为是否属于刑法意义上的预备行为都不能确定,直接导致预备犯的成立范围不明确,进而导致刑法处罚预备行为的范畴模棱两可。因此,预备犯司法适用存在困境不是因为预备犯的犯罪构成不完整,而是因为预备行为欠缺类型性、定型性特征。问题的解决讲求对症下药,从表面上看既然预备犯成立范围不确定的原因在于行为类型化的缺失,那么将预备行为类型化

---

① 参见陈兴良主编:《刑法总论精释》,人民法院出版社 2010 年版,第 434 页。

就应该能够改善预备犯司法认定模糊的问题,而从深层上追究理论渊源,之所以将预备行为类型化作为预备犯成立的形式要求,其背后体现的是罪刑法定明确性的要求。

首先,从应然层面上预备行为的处罚遵循罪刑法定原则。虽然我国预备犯的刑事立法规定与当今世界主流的预备犯立法模式存在一定的差异,即在刑法总则中概括性地规定处罚预备行为,但从预备犯的司法适用情况来看,我国与其他法治国家一样,都是例外处罚预备行为,因此对处罚预备行为是刑事处罚中的例外这种观点基本能够达成共识。然而,随着刑法观的转型,预备行为的处罚是否还是刑罚处罚的例外需要重新审视。在传统的刑法观框架之下,刑罚是一种事后的、被动型回应,处罚的对象往往是造成现实侵害的行为,但随着风险社会的来临,刑罚的功能不仅限于惩罚犯罪,还要发挥预防风险现实化的功能,为了适应社会发展,传统的刑法观必然要转型,于是符合时代精神的积极刑法观应运而生。在积极刑法观指导之下处罚具体危险犯、抽象危险犯的刑事立法明显扩张,我国《刑法修正案(八)》和《刑法修正案(九)》中增加了大量处罚预备行为和抽象危险犯的规定,从形式上来看立法者已经熟练地适应了刑事处罚早期化的要求。[1]而且这种立法活跃化的情况不仅发生在我国,这是世界范围内的刑事立法趋势,无论是大陆法系国家还是英美法系国家都在增加处罚预备行为的刑事立法规定,在恐怖主义犯罪和网络犯罪中表现尤为明显,这样的立法背景之下,严格意义上来说刑罚处罚预备行为是否还能被看作是一种例外就值得商榷。退一步说,即使认为处罚预备行为属于刑罚处罚中的"例外",这里的"例外"指的是预备行为原则上不具有

---

① 参见周光权:《积极刑法立法观在中国的确立》,载《法学研究》2016 年第4 期。

可罚性,犯罪形态之间比较而言,处罚预备行为的情况相对比较少,并不代表刑罚对预备行为的适用超出罪刑法定原则的约束。当然,不可否认的是坚持罪刑法定原则必然要面临的问题是实定化的刑法规范和流动化的规范要求之间的矛盾,实质预备犯的刑事立法扩张说明立法者已经意识到在当前社会背景之下坚持罪刑法定原则带来的必然结果就是刑法规范的供给不足。①但是即使罪刑法定原则无法突破有限理性的藩篱,坚守这一原则注定要面对规范的不完备、明确性的不标准等问题,其作为现代法治体系基石的地位仍不能撼动,否则刑事处罚范围就会不断向前延伸,最终就会导致刑事法治倒退回罪刑法定确定之前的蒙昧状态,还会导致国家刑罚权的恣意。②因此,预备行为的处罚应当始终遵循罪刑法定原则。

然而,从实然层面上我国预备犯的现有规定符合兜底性条款的特征,对罪刑法定原则的明确性要求提出挑战。虽然从理论上理智地进行思考,处罚预备行为应当以刑法的规定为限,但结合我国当前的社会规范需求、刑事政策要求以及立法情况,在处罚预备行为的问题上,罪刑法定原则的实现如履薄冰。从我国预备行为的刑事立法出发,自 1979 年《刑法》开始,总则中就有处罚预备行为的概括性规定,但因为在司法实践中适用的情况相对较少而一直没有被关注。近些年来处罚预备行为的单独立法规定增加,有关预备犯成立范围的问题受到更多的关注,学界才开始对总则中预备犯规定进行反思。刑法分则中有实质预备犯的规定,根据刑法分则规定处罚预备行为时能够满足罪刑法定明确性的要

---

① 付立庆:《刑法规范的供给不足及其应对》,载《中国人民大学学报》2014 年第 2 期。

② 参见高巍:《重构罪刑法定原则》,载《中国社会科学》2020 年第 3 期。

求,①而刑法总则中虽然也有预备犯的规定,但从内容上看,总则规定得就比较抽象,只是要求司法机关处罚"准备工具、制造条件"的行为,至于这些行为具体以何种方式呈现出来并没有规定,这违反了罪刑法定原则明确性的要求,导致以罪刑法定原则限制司法权的期待落空。②一方面从立法者的思路来看,实质预备犯立法规定的扩张表示立法者认为预备行为的法律规定不够明确,所以才要积极增加处罚预备行为的规定以明确可罚预备性行为的范围;另一方面从司法适用的情况来看,根据数据的统计分析发现预备犯的适用处于杂乱无章的状态,适用预备犯的罪名无规律可循,③这也反映出预备犯的司法认定欠缺明确的认定标准。

　　事实上,将刑法总则中预备犯的规定和刑法分则中实质预备犯的规定结合起来看,总则中预备犯的规定类似于我国刑法中的兜底性条款的规定。兜底性条款指的是刑法对犯罪的构成在列举之外,对法条无法穷尽的内容进行概括性的规定,一般采用"其他"或"等"这一类描述将犯罪行为方式扩大,兜底条款存在的意义在于弥补法律规定不周全、不完整的漏洞,严密刑事法网。④反观处

---

　　① 依照刑法分则处罚预备行为时,也可能因为对相关法律规定的解释存在分歧而导致处罚范围不一致,在司法层面上也会有违反罪刑法定原则的可能性,但这是司法适用过程中无法避免的问题,这与总则中预备犯规定缺乏明确性而违反罪行法定,存在明显区别。

　　② 参见蔡仙:《论我国预备犯处罚范围之限制——以犯罪类型的限制为落脚点》,载《刑事法评论》2014年第1期。

　　③ 本书第一章第三节的内容中具体介绍了预备行为司法适用现状,通过大数据分析法对我国当前预备犯的适用情况进行总结,统计结果显示我国预备犯适用情况比较恣意,适用预备犯的罪名分布情况也未表现出明显的规律性。虽然采用数据分析法对司法适用情况进行分析会受到很多因素的影响,例如犯罪黑数、审判结论的地区性和时间性,但本书对大量适用预备犯的案件进行相对全面的整理、归纳和分析,能够在一定程度上缩小误差。

　　④ 参见陈兴良:《刑法的明确性问题:以〈刑法〉第225条第4项为例的分析》,载《中国法学》2011年第4期。

罚预备行为的立法规定,除了刑法分则中具体规定的预备行为方式之外,总则概括性地规定其他预备行为也可以构成犯罪。从总则和分则规定的内容和关联性来看,总则中预备犯的规定也是在具体行为方式之外概括性的规定,从功能的角度来看,总则中预备犯的规定也能够补充分则中具体规定的漏洞,所以将处罚预备行为的立法规定作为一个整体来看,刑法总则中预备犯的规定与刑法中兜底条款的规定从形式和功能上都基本相同。在刑法学界兜底条款的研究是一个老生常谈的话题,一方面基本上理论界都认为兜底条款的规定在刑法中处于不可或缺的地位,大部分学者认为语言的抽象性和人类认识局限性决定了刑法规定的不完美是必然的,为了刑法的稳定就需要兜底条款作为润滑剂,缓解立法和司法之间的紧张关系;另一方面兜底条款的存在又一定会使得刑法陷入明确性的困境之中,有学者认为兜底性条款的规定也可以理解为是一种弹性刑法,这种规定满足了刑法规范在形式上的体系周延性,但不具有内容上的明确性,在具体的适用过程中,行为定罪还是不定罪都具有合法性。① 还有学者认为兜底性条款的存在是为了严密刑事法网和维护法安定性,罪刑法定明确性是必须要付出的代价。② 总体来说,刑法学界针对兜底性条款对罪刑法定原则明确性的威胁采取的是妥协的态度,承认兜底性条款概括性的规定是罪刑法定原则的软肋,总则中预备犯的规定与兜底性条款的性质相同,所以总则中预备犯的规定的明确性程度也很低。实行行为的扩张和刑事处罚范围的扩大已经是不可逆转的趋势,刑

---

① 白建军:《坚硬的理论,弹性的规则——罪刑法定研究》,载《北京大学学报(哲学社会科学版)》2008 年第 6 期。

② 付立庆:《论刑法用语的明确性与概括性——从刑事立法技术的角度切入》,载《法律科学(西北政法大学学报)》2013 年第 2 期。

事立法对这种变动的需求常常难以招架,所以预备犯概括性的规定就成为刑法应对现代化发展的良药,而且虽然从理论上说,预备犯这种弹性规定与罪刑法定明确性的要求存在一定差距,但其在司法实践中适用的情况相对比较少,而且在程序性机制的制约之下弹性规定也不必然导致司法的滥刑。①基于此,在对预备犯规定存在的价值和弊端进行衡量时,总则中预备犯的规定应该保留,但是要对其进行必要的解释以防止衍生成口袋罪。②

最后,预备行为类型化是保证罪刑法定原则实现的可行性方案。虽然弹性刑法规定引发不少争议,但现实中弹性规定在我国刑法中占据相当一部分比例。这说明兜底性条款有存在的价值还不能完全排除,相同的逻辑,虽然刑法总则中预备犯规定的明确性相对较低,但是其赋予司法机关处罚可能造成重大法益侵害结果的预备行为的权利,尤其是在风险社会时代预备行为与法益侵害之间的紧密程度增加的情况下,这种规定对预防犯罪、防止法益侵害的发生起到重大作用,所以这种概括性的规定还有存在的必要性。当然,在确认总则中预备犯规定价值的基础上,也不能忽视预备犯规定模糊的弊端,理论上司法机关依据刑法规定恣意处罚预备行为的风险还存在,所以刑法处罚的预备行为还是应当进行一定程度的限缩,在一段时间内尽量保证刑法处罚对象的稳定性和明确性。在这一过程中需要注意两个问题:

第一,罪刑法定明确性的理解不宜过于僵化。几百年前欧洲启蒙思想家们就提出了罪刑法定原则,旨在通过限制国家权力遏

---

① 参见白建军:《坚硬的理论,弹性的规则——罪刑法定研究》,载《北京大学学报(哲学社会科学版)》2008年第6期。
② 蔡道通:《经济犯罪"兜底条款"的限制解释》,载《国家检察官学院学报》2016年第3期。

制罪刑擅断,这一原则被认为是法治主义思想在刑法中的体现。①
而明确性原则作为派生原则与罪刑法定原则并不是同一时期的产
物,近些年明确性原则才被确认,从理论的发展史来看可以追溯到
美国联邦最高法院在 20 世纪初期针对刑法的合宪性问题设置的
"不明确就无效"原则,即成文法规定的不明确具有违宪性。②明确
性原则是在英美法系国家宪法正当法律程序原则基础上演绎而来
的,经过本土化吸收之后,这一原则成为罪刑法定原则实质侧面的
内容,但在我国刑法学界明确性原则本身存在一定的模糊性,明确
性原则可以分为绝对的明确性和相对的明确性。一方面有学者认
为刑法的明确性意味着刑法规范是一种封闭性的规范体系,理由
是:"刑法本身的性质决定其必须是最精确的法律科学,含糊的刑
法无异于否定罪刑法定原则及刑法的存在价值。"③这种观点是启
蒙思想家立法万能论思想的延续,就如贝卡利亚所主张:"刑事法
官根本没有解释刑事法律的权力,因为他们不是立法者。"④另一
方面有学者认为绝对的刑法永远不可能达到绝对的明确性,这种
要求根本不切合实际,动辄就以不明确性为理由批判刑法值得
反思。⑤

罪刑法定原则最根本的目的是限制国家权力、保障人权,明确
性的要求也是为了确定刑法处罚的范围,保证刑事处罚权不会轻

---

① 参见王充:《罪刑法定原则论纲》,载《法制与社会发展》2005 年第 3 期。
② 参见张明楷、黎宏、周光权:《刑法新问题探究》,清华大学出版社 2003 年
版,第 2 页。
③ 参见[德]克劳斯·罗克辛:《德国刑法学总论》,王世洲译,法律出版社
2005 年版,第 1 页。
④ [意]切萨雷·贝卡利亚:《论犯罪与刑罚》,黄风译,北京大学出版社 2008
年版,第 12 页。
⑤ 参见杨剑波:《刑法明确性原则研究》,中国人民公安大学出版社 2010 年
版,第 31 页。

易越界。但这并不意味着要不断地精细化立法压缩司法解释的空间,将刑法适用的压力全部推给立法者,过度强调一种极端的明确性可能导致立法肥大,削弱刑法的灵活性和惩罚犯罪的功能。一方面刑法规定应当具有明确性以保证罪刑法定能够有效限制刑罚权发动,另一方面又要考虑到现实操作的可能性和刑法应有的安定性。换言之,刑法的明确性应该包含两层含义:其一,立法层面上明确性是一种相对的明确性,绝对的明确性只能是一种理想,不具现实操作的可能性;其二,司法层面上对明确性存在瑕疵的法律规范进行解释和补充以保证刑事处罚的实质合理性,刑法的明确性是立法明确与解释的明确性共同实现的。①结合刑法总则预备犯的刑事立法规定,虽然其在一定程度上明确了犯罪预备的范围,但还是一种开放性的规定,需要从立法目的出发确立一种能够约束法官权力的标准,而这一标准的生成就需要刑法的类型化。

第二,行为类型化符合明确性的要求,保证罪刑法定原则的实现。明确性原则存在的价值是为了罪刑法定原则实现,而罪刑法定存在的价值是防止罪刑擅断、限制国家刑罚权,那么明确性原则追求的也是刑罚处罚的实质合理性。其实针对刑法明确性应当达到何种程度的讨论意义并不大,因为世界上任何法律规定都不可能是完美的,法定构成要件的过窄或过宽都会造成法律的漏洞,所以与其纠结于刑法精确性达到何种程度才算是具有明确性,不如将精力放在通过立法和司法的联合保证明确性的实现,经验表明将案例类型化是修补漏洞、实现刑法明确性的最有效途径。②司法

---

① 刘艳红:《刑法明确性原则:形成、定位与实现》,载《江海学刊》2009 年第 2 期。

② 参见[德]齐佩利乌斯:《法学方法论》,金振豹译,法律出版社 2009 年版,第 91—100 页。

者根据立法规定考察其目的所在,以此为前提结合现实案件总结、精炼出应受处罚的行为类型,形成实践的通用标准,约束司法的适用。具体到预备犯中,总则中处罚预备犯的规定是为了保护重大法益不受侵害,以此规范目的为前提对可罚的预备行为与不可罚的预备行为进行区分,并抽象出可罚的预备行为类型作为通用的司法实践标准,这一过程能够进一步加强预备犯处罚范围的明确性,限制预备犯的成立范围,约束刑罚权的发动,这与罪刑法定原则的目的一致,也就实现了明确性的要求。

第五章

限制预备犯处罚范围的实现方式

当前我国刑法总则中预备犯的规定在司法实践中的适用情况比较混乱,虽然整体上认定为预备犯的案件数量不多但分布却很松散,导致社会危害性较轻犯罪的预备行为也成为刑事处罚的对象,而社会危害性较重的犯罪预备行为却没有被处罚,预备犯的处罚恣意性较强,预备犯的处罚范围有待明确。因为预备犯的司法适用情况并不理想,加上社会风险治理需要刑罚处罚前置化,就会习惯性地通过刑事立法扩张实现对预备行为的处罚。但在分则中增加处罚预备行为的单独规定只能暂时性地应对刑事处罚前置化的需要,不可能期待通过立法手段将全部的犯罪预备行为定型化,这种方式不利于及时回应法益保护前置化的要求,况且刑事立法的频繁变更也会破坏刑法的安定性、损害刑法的权威性。面对这种情况,明确预备犯成立范围的压力没有必要都放在刑事立法上,可以通过建构司法类型化模型对预备犯的处罚范围进行限缩,尽量保证预备犯成立范围的明确性。具体的操作步骤分为三步:第一,对现有司法实践中最终被认定为预备犯的案件进行全面归纳;第二,对现有案件中预备行为的危险性进行实质判断,区分可罚的预备行为和不可罚的预备行为;第三,根据危险判断的结果,将可罚的预备行为类型化总结,为未来预备犯的司法实践提供标准。通过类型化的方式限缩预备犯成立范围的过程中,第一步是对事实的机械性整理,不牵涉价值判断和理论思考,需要注意的危险判断和行为类型化这两个步骤,前者是从实质层面上限缩可罚的预备行为的范畴,后者是从形式层面上将可罚的预备行为类型化,所以这两个问题是明确预备犯成立范围的关键。

第一节　预备犯中危险性的判断

对于危险犯的处罚根据问题,存在客观危险说和主观危险说的争论,究其本质是各国刑法学者们基于不同的刑法学立场,针对如何理解危险犯中的危险,或者说对为什么要处罚危险犯这个问题,搭建各自的理论体系,并表达出来进而形成的一种理论上的交锋。这本是一个纯粹刑法学的问题,而纯粹的刑法学问题表现的是学者们的价值取向,与刑法立法规则设定或司法适用并没有直接关系。①危险犯中的危险究竟是行为人的危险抑或是行为的危险、结果的危险,对这一问题的思考是危险犯中危险判断的前提。假若危险指的是行为人的危险,那么危险判断的内容就是行为人的主观意志是否违背了法规范;若危险指的是客观的危险,那么危险判断的内容就是行为客观上是否威胁法益,是否有导致法益侵害结果发生的可能性。因此主观主义与客观主义在危险内涵问题上的争论,最

---

① 参见王充:《问题类型划分方法视野下的犯罪概念研究》,载《中国人民大学学报》2012 年第 3 期。

终的落脚点是探究危险的判断规则,通过危险判断规则的界定为司法实践提供危险判断的标准。同时,预备犯虽然是对法益侵害有抽象危险的危险犯,但是其形式上与一般意义上的抽象危险犯还存在一定的差异。一般意义上的抽象危险犯在刑法分则中有独立的构成要件规定,只要行为符合构成要件的规定就推定其具有危险,而预备犯中预备行为没有固定的行为类型,无法直接推定某种预备行为具有危险性,所以需要对预备行为的危险性进行判断。

一、危险判断方法的理论渊源

大陆法系国家刑法理论中一般是在未遂犯处罚依据的讨论中涉及危险的判断方法,主观未遂论与客观未遂论在危险的判断方式上表现出不同,从处罚依据的层面上,未遂犯的危险与危险犯的危险没有区别,所以未遂犯的危险判断方法与危险犯中危险的判断方法可以通用。以主观未遂论和客观未遂论为基础,危险的判断方法也存在主观主义和客观主义的对立,而且在主观说和客观说内部对危险判断方法的描述也存在差异。

(一)主观说

主观说立场之下针对如何进行危险判断的问题有两种理论观点:其一,纯粹的主观说。纯粹的主观说最早被提出是在 19 世纪 70 年代,当时观点比较极端,认为危险的判断材料是行为人主观认识的事实,判断危险的标准也以行为人对危险的主观认识为标准,只要行为人主观上认识到自己的行为具有法益侵害性,且客观上着手实施了这一行为就会被认定为犯罪,行为客观上的危险性存在与否完全不影响未遂犯的成立。[①]这种危险判断方法明显是

① 参见梁根林:《未遂犯处罚根据论:嬗变、选择与检验》,载《法律科学(西北政法大学学报)》2015 年第 2 期。

主观主义刑法理论的产物,其存在的前提是将行为人的危险人格作为违法的本质,将客观要素完全排除在外,认为客观的犯罪行为不过是行为人危险人格的外在表现,所以应以行为人认识到的事实代替实际发生的事实。依照这种观点,客观上对法益没有任何影响的行为也被认定为犯罪处罚,其处罚的对象是行为人的主观恶性而不是行为,违反行为刑法的基本准则,有主观归罪的嫌疑,纯粹主观说的缺陷过于明显,早就被学界所淘汰。其二,抽象的危险说。当前主观未遂论认定危险持抽象危险说,主张危险判断的材料是行为当时行为人主观认识到的事实,危险判断的标准采用的是客观判断标准,即从一般人的角度对行为人认识到的事实进行判断,若一般人认为犯罪能够实现则成立未遂犯,若一般人认为不会发生犯罪结果则认为不构成犯罪。[1]抽象危险说是持主观主义立场的刑法学者对纯粹主观说的修正,纯粹的主观说以行为人认识的内容为危险判断的对象和标准,那么凡是行为人主观上有违反法秩序的意图,就认为其行为具有危险性。依照这种观点迷信犯也应成为刑罚处罚的对象,而迷信犯根本不可能造成任何法益侵害,将其作为刑事处罚对象是对刑事处罚范围的不当扩张。于是持主观主义危险论的学者将危险判断对象和判断标准相区分,危险判断的对象内容不变,将判断标准换为客观的判断标准,这样至少能够将迷信犯排除在刑法规制之外,能够在一定程度上限制危险犯的成立范畴。

主观说立场下判断危险的方法存在一定的弊端。无论是纯粹的主观说还是抽象危险说都是以行为人的主观故意作为评价对象,以行为人认识到的事实替代客观实际发生的事实,这种认定方

---

① [日]西田典之:《日本刑法总论》,王昭武、刘明祥译,法律出版社 2013 年版,第 275 页。

法存在的弊端是：其一，与行为刑法相违背。持抽象危险说的学者认为工具不能和对象不能这种不能犯之所以受处罚，是因为行为人秉着犯罪的故意实施了行为，与无害的合法行为之间存在区别，正如秉着杀人的故意拿白糖当砒霜"毒害"他人，与一般的给他人白糖食用的行为是不同的，基于犯罪故意的意愿实施的行为就是犯罪行为，是具有违法性的。[①]犯罪意图与犯罪行为是构成犯罪的两个独立要件，在危险时应该分别对其进行判断，将行为人在犯罪意图之下实施的行为都认为是犯罪行为，湮灭了行为存在的独立价值，只要行为人有了犯罪意图无论实施何种行为都是犯罪行为，本质上处罚的是行为人想象的行为而不是真实的行为，这与当代社会行为刑法观相违背。其二，可能会导致主观归罪。行为刑法是在启蒙思想家反对思想定罪的基础上产生的，法律只能处罚外部的行为而不能窥探人的思想，这是防止刑罚滥用、保障人权的基础。而无论是纯粹的主观说还是抽象危险说，评价的对象都是行为人主观认识到的内容，无论判断标准为主观标准还是客观标准，评价的对象都是行为人虚构或思想的内容。那么即使客观不会造成任何人身、财产或其他法益的损害，法益也并没有处于危险状态，只要主观具有实施犯罪的计划并现实化，就要对其进行处罚，在这种情况下，所谓的客观行为表征主观心态，其实不过是处罚思想犯的借口罢了，最终发动刑罚的理由还是行为人主观有犯罪的邪恶思想。一旦刑罚处罚的对象是行为人的想法或计划，刑罚权就容易被滥用导致人权受到侵害。其三，危险判断主观说的理论基础存在缺陷。危险判断主观说背后的理论依据是主观主义刑法理念，即认为危险是行为人反复实施犯罪的人格，这种观点早就被

---

　　① 　陈家林：《为我国现行不能犯理论辩护》，载《法律科学（西北政法大学学报）》2008 年第 4 期。

大部分国家刑法理论所否认。因为,若危险是行为人的主观法敌对意志,那么消除危险预防犯罪的唯一方法就纠正行为人的法敌对意志,要求刑法干涉人的思想,无疑是对自由权利的毁灭性打击,与民主法治国家的要求格格不入。

另外,在我国立法背景之下危险的判断不应该受制于行为人的主观认识。德国刑法理论中主观说占支配地位是刑事立法内容所决定的,德国刑法中未遂犯强调行为的着手以行为人的主观认识为判断依据,①这代表实行行为的判断也以行为人的主观计划为基础,所以刑法理论中对危险犯的判断要以行为人计划的内容为判断材料。但我国未遂犯的规定并没有以行为人犯罪计划的内容作为判断着手和实行行为的依据,理论上危险性的判断不用受到行为人主观认识内容的束缚。总之,危险判断的主观说将行为人危险作为危险评价的始点和终点,忽视行为的客观危险性,可能会造成危险犯处罚范围的过度扩张。

(二) 客观说

客观主义立场下有关危险的方法的阐述呈现出百家争鸣的状态。德国理论界危险的客观说理论经历了由旧的客观说向新客观说的转变。首先,旧客观说的主要支持者是费尔巴哈和密特迈尔,旧客观说提出的危险判断方法是将案件所有的具体情况包括行为后发生的情况都作为判断的资料,从事后以科学的因果规则判断危险存在与否。②然而这种观点无法回避的一个问题是,只要没有发生法益侵害的结果,回溯到行为时综合考虑全部因素,只要事实

---

① 德国《刑法》第 22 条规定:"依其对犯行之想象,直接着手于构成要件之实现者,是犯罪未遂。"

② 参见[日]前田雅英:《刑法总论讲义》,东京大学出版会 2006 年版,第 150 页。

内容足够具体每一个行为都是没有危险的,例如行为人将混有毒药的水放在被害人的桌子上,但是因为早晨清洁大妈比往日打扫得早,于是将毒药扔进垃圾桶,从事后来看清洁大妈会将混有毒药的瓶子扔掉,行为人的投毒行为最终不可能导致他人死亡结果出现,因此这一行为就成为没有危险的不能犯。于是,以李斯特为代表的新客观说论者对旧客观论进行修正,新客观说主张引进理性第三人概念,认为危险的判断应该以行为时一般人认识到的事实和行为人所认识到的事实为材料,从一般人的立场来判断危险性。虽然新客观说在旧客观说基础上作出了修正,有一定的进步性,但是随着主观危险理论的强势发展,危险的客观说在德国终究还是落日余晖,不过这一理论在日本却大受青睐。

　　日本刑法理论界有关危险判断的方法采用客观说还是具体危险存在激烈的争论,而且在客观说和具体危险说内部对危险判断的方法也存在不同的描述:其一,客观危险说。客观危险说内部基于判断材料的抽象程度和判断时点的不同也存在一定的差异,比较极端的客观说代表是宗冈嗣郎教授。宗冈嗣郎教授认为危险判断的材料只能是行为时的客观情况不包括行为人的主观内容,而且不能将客观事实抽象化,从事后的角度根据科学的因果法则对危险进行判断,其实宗冈教授将危险判断完全同于客观因果关系的判断。[1]若将危险判断等同于因果关系的判断,从事后的结局来看危害结果就是没有发生,一定会得出危险不存在的结论,所有没有造成结果发生的行为都成为不能犯。这种观点的缺陷很明显,于是学者们在批判这种极端客观说基础上纷纷对客观说进行修正。中山研一教授在判断的时点上对纯粹客观说进行修正,虽然

---

① 参见[日]宗冈嗣郎:《客观主义中的未遂犯重构》,转引自舒洪水:《危险犯研究》,法律出版社 2009 年版,第 149—150 页。

也认为危险的判断是根据事后查明的所有事实包括行为的客观面和行为发生时周围的客观环境等内容,危险的判断标准也同意采用科学的因果法则,但他认为判断的危险指的是行为时的危险程度。①前田雅英教授也支持这种主张,但在判断材料的部分与中山研一教授的观点有些许不同,中山教授认为客观的事实不能抽象,而前田教授则认为危险判断的主体是人不是神,不可能也没有必要将所有细枝末节的事实都考虑到,作为判断资料的客观事实进行一定程度的抽象是在所难免的。②对客观危险说的另一种修正模式由山口厚教授提出,他思考的角度是结果为什么不发生,他认为危险的判断的流程是:首先根据科学的因果规律分析没有发生危害结果的原因,并虚构出可能会造成危害结果发生的事实,随后再考察一般人事后会不会认为有可能发生,若一般人认为假定事实很可能发生就认定存在危险。③西田典之教授也认同这种观点并提出"假定性盖然性说",他认为纯粹的事后、客观的判断会泯灭危险存在的空间,危险判断是要判断可能发生结果之时,结果没有发生的原因,同时也要考察基于何种变化结果就会发生而这种变化发生有多大的盖然性。④

然而,客观危险说存在一定的问题。客观说的主要特征就是要求判断的材料必须是脱离行为人主观因素的纯客观的内容,同时大部分客观说的支持者认为危险的判断标准应当采取科学的因

①　[日]中山研一:《刑法总论》,转引自郑军男:《不能未遂犯研究》,中国检察出版社 2005 年版,第 278 页。
②　参见[日]前田雅英:《刑法总论讲义》,东京大学出版会 2006 年版,第 152 页。
③　参见[日]山口厚:《刑法总论》,付立庆译,中国人民大学出版社 2018 年版,第 289 页。
④　参见[日]西田典之:《日本刑法总论》,刘明祥、王昭武译,法律出版社 2013 年版,第 278 页。

果判断,这种观点存在一定的问题:其一,据事后查明的全部客观事实进行危险的判断,如果事实还原得足够具体,所有的未遂犯都可能成为不能犯。[①]若事实发生的情况考虑得足够细致、具体,那么存在即是合理的,从事后视角评估行为时一切事件的发生都是必然的,没有法益侵害结果发生的可能性,或者说法益侵害结果必然不会发生,只是行为人没有认识到而已,客观说对危险的判断也就成了一个伪命题。其二,以科学判断代替价值判断脱离危险判断的本质。危险犯中危险判断的过程实际上是在对行为是否要受刑罚处罚进行实质评价的过程,这种判断本质上是一种价值判断,而客观危险说以科学的因果法则对事后查明的事实评判,将价值评判拒之门外,改变了危险判断的性质。而且,危险判断作为法律评价过程中的一个环节不可能完全地价值中立,机械地套用因果律的公式对危险进行判断,是将刑法作为纯粹报应刑的工具,这不符合文明社会的需求。其三,将判断资料限定于纯客观内容,表现出古典主义刑法体系的特征,即不法都是客观的、责任都是主观的。但不法是客观的这一观点缺陷非常明显,在没有主观内容参与的情况下,单纯的行为根本不能分辨出是盗窃的不法还是抢劫的不法,在没有主观内容辅助说明的前提下,用刀要划开他人身体的行为,可能是医生基于救人的目的实施的行为,也有可能是杀人的行为。因此威尔哲尔早就对古典刑法体系进行批判并提出了目的行为论,认为不法的内容中包含主观要素,目的行为论已经成为学界主流观点。[②]总而言之,根据事后对客观事实的认识,通过科

---

① 江溯:《二元违法论与未遂犯的处罚根据》,载《国家检察官学院学报》2014年第2期。

② 参见[德]克劳斯·罗克辛:《构建刑法体系的思考》,蔡桂生译,载《中外法学》2010年第1期。

学的因果法则判断行为的危险性既不合理也欠缺操作性。

其二,具体的危险说。客观危险说的弊端暴露得非常明显,于是持客观危险论的学者在批判客观危险说的基础上提出了具体的危险说。这一学说是以李斯特的客观说为原型构建的,也被称为新客观说,以行为当时行为人的特别认知及一般人可能认识到的事实为基础,从一般人的立场判断有无发生危害结果的危险。①虽然客观危险说在日本刑法理论界占有一席之地,但具体危险说才是当前日本刑法理论的通说,大谷实、福田平、大塚仁等学者都支持这一学说。大谷实教授认为结果的现实危险,不一定是物理的、科学的危险,而是以行为时的具体情况为基础,从一般人的角度判断类型上的危险。他认为危险判断应该以一般人能够认识的事实为基础,当行为人认识的内容多于一般人认识的内容,以行为人的认识内容为基础,判断的时点是行为时危险,判断的标准是一般人标准。②大塚仁教授认为抽象危险说会使得不能犯的成立范围变得过于狭窄,而客观说的观点不当地使未遂犯的处罚范围变得狭窄,而且与社会观念的判断很难一致。所以他认为具体危险说以行为人的认识和一般人的认识可能性为基础,思考态度上选择因果关系判断中的折中说,根据社会观念适当地把握行为的危险,这种观点是更为合理的。③大塚仁教授的思路是,主观说使得危险的认定范围过大,会不当扩张刑事处罚范围,而客观危险说又过度限缩了危险犯的成立范围,所以依照具体符合说的观点能够保证危

① 早稻田司法考试研究室:《刑法总论》,转引自舒洪水:《危险犯研究》,法律出版社 2009 年版,第 145 页。

② [日]大谷实:《刑法讲义总论》,黎宏译,中国人民大学出版社 2008 年版,第 343 页。

③ [日]大塚仁:《刑法概说(总论)》,冯军译,中国人民大学出版社 2003 年版,第 230 页。

险犯处罚范围的合理界定。

但是，具体危险说也并非完美。具体危险说与客观危险说相比，优越性体现在两个方面，其一是走出纯客观事实判断的误区，在危险判断的资料中加入行为人的主观内容；其二是判断标准采用一般人的判断标准，表现出刑法对一般人规范性认识的确证，维护法规范效力。福尔摩斯曾说："世界上没有完美的犯罪。"当然，刑事法律研究中也不会有完美的理论，纵使具体危险说有诸多的优势，却也有一些短处：其一，具体危险说对判断材料的表述存在问题。具体危险说没有确定危险判断的资料，而是主张在一般人可能认识到的事实和行为人可能认识到的事实之间进行选择，理论上可能会出现三种情况：一般人可能认识到的事实与行为人可能认识到的事实相同；一般人可能认识到的事实范围大于行为人可能认识到的事实范围；一般人可能认识到的事实范围小于行为人可能认识到的事实范畴。有学者提出质疑，若一般人可能认识的内容与行为人可能认识的内容不同时，就会使判断资料的确定产生困难。①虽然逻辑上似乎可以将一般人的认知与行为人的认知对立起来，但实际上一般人被认为是一个正常人或平均的人，是规范所假设的规范对象，而行为人如果是能够被规范评价的对象，那么他也应该是一个正常的人，所以实质上一般人的经验认识与行为人可能的认识内容应该是相同的，两者之间不会存在对立关系。②根据具体危险说的表述，似乎危险判断资料的确定面临困境，但这只是文字表述不精确导致的理解分歧，在实际危险判断过程中并不会存在这一问题。其二，判断标准的模糊性。具体危险

---

① 陈家林：《不能犯初论》，中国人民公安大学出版社 2005 年版，第 218—219 页。
② 参见许玉秀：《主观与客观之间：主观理论与客观归责》，法律出版社 2008 年版，第 6 页。

说理论的闪光点之一就在于判断标准采用的是一般人的标准,但一般人标准是个看上去很美的标准,具体何为"一般人"? 关于一般人的表述有"社会中一般人"的说法,还有"科学的一般人"的说法,用得最多的表述就是"一般人",但无论哪一种说法都没能将一般人的范畴明确界定,若一般人的范畴都不能确定,那么一般人的标准也就成为一种虚无缥缈的形式化标准。

二、我国刑法理论界对危险判断方法的讨论

我国刑法学者对德日刑法理论中危险的判断方法进行总结和分析,结合我国的立法现状和理论研究情况,基于不同的立场选择支持不同的理论学说。目前我国刑法理论界关于危险判断方法问题的研究呈现出以下特征:

其一,主观说的支持者比较罕见。我国未遂犯处罚通说观点主客观相统一,属于纯粹主观说还是抽象危险说存在争议。我国刑法理论界通说认为不能犯未遂具有可罚性,根据主客观相统一学说的观点,行为人主观有犯罪故意并将其现实化,只是因为行为人对工具或手段产生了错误认识而不能达至既遂状态,但客观上已经引起法益侵害的危险,主观、客观要件已经齐备,构成犯罪,所以在我国不能犯也具有可罚性。依照纯粹主观说的观点,若行为人认识到行为具法益侵害性,但事后查明事实上因为工具不能或对象不能不会出现法益侵害,行为客观上根本没有任何危险性,这类行为也要处罚,即不能犯的未遂也具有可罚性。纯粹的主观说的结论与通说的结论具有一致性,所以有学者认为我国通说观点属于纯粹主观说的一种表达。①但抽象危险说与通说的观点也一

---

① 周光权教授在其著的《刑法总论》一书中表达了这一观点,陈兴良教授在《不能犯与未遂犯——一个比较法的分析》中表达同意这一观点。

致,所以有学者认为我国通说观点采用的是抽象危险说的思维方式,因为依照抽象危险说的观点,以行为人的认识事实为判断对象,行为人主观上认识的是自己正在实施侵害法益的行为,即使主观认识与客观事实不一致也要以主观认识的内容为评价对象,那么工具错误和手段错误的不能犯也具有可罚性,这与通说的观点也一致。我国通说观点采用纯粹主观说还是抽象危险说很难说清,但其危险的判断方法应该属于主观说立场。纯粹的主观说在我国刑法理论界基本没有存在的痕迹,抽象的危险说倒是有少数人支持,影响力最大的学者是陈家林教授,他认为抽象危险说存在诸多优势,包括与我国刑法的基本立场相一致,符合主客观相统一的基本原则,判断标准统一,且简单实用。[1]他认为具体的危险说本身存在缺陷,其表述的内容模棱两可,判断资料和判断标准都模糊不清,而修正的客观说脱离了我国的国情,所以在我国刑事立法背景之下应当坚持抽象的危险说。抽象危险说的优越性未必很明显,但陈教授对具体危险说和客观危险说存在问题的抨击可谓是一针见血切中要害。

其二,客观说的内部争论比较激烈。我国大部分学者在危险判断的问题上还是选择客观说的立场,当然纯粹客观说被排除在外,我国刑法学者支持的客观的危险说是日本刑法理论中修正后的客观的危险说。客观危险说中具有代表性的学者是张明楷教授,张教授的观点与日本学者前田雅英教授的观点相同,认为行为是否具有危险的判断应以行为时存在的所有客观事实为基础,站在行为时,根据客观的因果法则进行判断,他认为客观事实需要进

---

① 参见陈家林:《不能犯初论》,中国人民公安大学出版社 2005 年版,第223—224 页。

行一定程度的抽象。①黎宏教授和陈璇教授也是客观说的支持者，他们都认为危险的判断是以事后查明的行为时的各种事实为判断对象，判断标准选择的是一般人立场。②两位学者观点一致，但论证的角度和方式不同，黎宏教授是从我国刑事立法规定的角度出发进行论证，他认为我国刑事立法中将未遂犯与预备犯相区分，这表示在未遂犯的处罚问题上应当坚持客观主义立场，在危险判断时就应该摒弃行为人主观意思的内容以事后查明的客观事实为评价对象。③陈璇教授则直接从理论层面上运用正反对比论证的方式，一方面否认"一般人认识＋行为人特别认识"认定模式的合理性；另一方面证明以行为时全部客观事实为评价对象也能实现修正客观说所要达到的目的。具体的危险说的拥趸中具有代表性的学者是周光权教授，他认为客观说存在逻辑上和方法上的不足，危险不可能是纯粹客观的，危险的判断要以行为时为基准，判断的材料是一般人的认识或行为人的特别认识，从一般人的角度结合经验知识和因果律判断危险是否存在。④李洁教授也是具体危险说的支持者，她认为刑法成为裁判规则之前首先应当被看作是行为规范，所以应从一般人的立场来判断行为的客观危险性，但是行为人特别认识到的情况也应当作为判断的基础。⑤郑军男教授也提倡具体危险说，他认为具体危险说最大的特点就在于回溯到行为时对危险进行预测，这种判断方法能够纠正纯客观说中危险概念

---

① 参见张明楷：《刑法学》，法律出版社 2016 年版，第 358 页。

② 参见陈璇：《客观的未遂犯处罚根据论之提倡》，载《法学研究》2011 年第 2 期。

③ 黎宏：《刑法中的危险及其判断——从未遂犯和不能犯的区别出发》，载《法商研究》2004 年第 4 期。

④ 周光权：《区分不能犯和未遂犯的三个维度》，载《清华法学》2011 年第 4 期。

⑤ 李洁：《刑法的目的理性批判》，法律出版社 2014 年版，第 268 页。

被抹杀的缺陷,而且这种危险判断方法与我国当前的理论和司法实践相契合。①除了客观的危险说和具体的危险说之外,有学者独树一帜提出个人的观点,舒洪水教授认为当前的理论中有关危险的判断方法、判断时点和判断标准都存在一定的问题,无法结合出完美的判断方法,只能在现有的几种理论中选择相对合理的内容构建危险的判断方法。首先,对于危险的判断材料问题,虽然客观危险说存在一定的缺陷,但是危险判断是对客观存在现象的判断,从这一点上客观危险说比具体危险说、抽象的危险说更具合理性。其次,危险的判断时点既不能只顾着事前也不能只考虑事后,应当瞻前顾后。最后,对危险判断的标准,他认为一般人的标准也存在种种不足,但相比较而言算是合理科学的选择。②

针对危险犯中危险的判断方法,我国刑法理论界存在多种观点,不同理论观点之间形成正面的交锋,核心的争议点主要从三个方面展开。

(一) 危险判断的对象

关于危险的判断材料的争议在于,是以一般人可能认识到的事实以及行为人可能认识到的事实为判断对象,还是以事后查明行为时的全部事实作为裁判的资料?

首先,以一般人的认识和行为人的特别认识作为危险判断材料,内容不明确。"一般人认识+行为人特别认识"作为危险裁判的材料,这是具体危险说的观点,与抽象危险说以行为人主观意欲或计划的内容作为评价对象相比,这里一般人认识的事实和行为人认识的事实都是客观的事实,与客观危险说相比,这种观点考虑了行为人主观内容。行为是否具有危险是危险犯认定的前提,刑

---

① 参见郑军男:《不能未遂犯研究》,中国检察出版社 2005 年版,第 298 页。
② 舒洪水:《危险犯研究》,法律出版社 2009 年版,第 152—164 页。

法上的危险判断直接关系到刑法规制范围的大小，因此危险判断是价值判断而不是像客观危险说所主张的事实判断。①所以融合了主客观元素的"一般人认识＋行为人特别认识"似乎具有一定的合理性，况且以一般人认识的事实为评价对象是从社会公众的视角评价危险，能够凸显刑法行为规范的机能，但将一般人认识事实及行为人认识事实应用到实践中会遇到障碍。理论上一般人认识到的事实与行为人认识到的事实，两者之间存在三种关系：其一，一般人认识到的事实比行为人认识到的事实更多；其二，一般人认识到的事实和行为人认识到的事实相同；其三，一般人认识到的事实内容少于行为人认识到的事实内容。最简单的情况是一般人的认识与行为人的认识相同，这种情况下不存在争议，而一般人的认识情况与行为人的认识情况不相同的时候，如何选择就存在困难，若都以行为人的认识内容为裁判对象，那么一般人认识的事实这一概念根本就没有存在的必要，反正最终都要以行为人的认识内容为危险判断对象。如果都以一般人的认识内容为基准，若行为人知晓了一般人所无法知晓的特殊情况，例如给坚果过敏的人吃带有坚果食物，一般人不会知道被害人有坚果过敏史，而行为人知道这一事实，将这种特别认知的事实排除在危险认定范围之外又不利于危险的正确判断和犯罪的正确认定。再加上因为"一般人"这个概念本身较为模糊，使得一般人认识的事实也很难确定，所以一般人认识的事实和行为人认识的事实作为危险裁判资料在具体应用过程中遭遇困境。

其次，采用事后查明行为时的全部事实进行危险判断的缺陷。既然"一般人认识＋行为人特别认识"模式不甚理想，那么是否就

---

① 黎宏：《刑法中的危险及其判断——从未遂犯和不能犯的区别出发》，载《法商研究》2004年第4期。

应该采用修正客观危险说的主张,以事后查明的全部事实作为危险判断的基底? 其实不然,因为不考虑行为人主观认识的内容,以事后查明的全部事实作为裁判基底存在的缺陷也很明显。其一,根据前文的论证,危险性包含行为危险和结果危险,以刑法目的为指导危险判断的内容应该既包括主观要素也包括客观要素,仅以事后查明的客观事实作为裁判资料,与客观因果流程的判断没有区别,只是一种事实判断而不是一种危险的价值判断。其二,危险性的判断显然指的是行为时的危险,即使判断视角可以从事后判断或是事前判断,但行为结束后就没有危险可言,危险判断结论一定指向的是行为时,以事后查明的事实作为行为时裁判的资料,事后多种客观要素和特征构建起来的"行为"已经不再是行为当时的"行为",所以用事后综合多种事实因素创造出的行为,替代实际行为发生时的行为,进而判断行为时行为的危险性,是在偷换概念,这两种"行为"的内容并不相同。其三,主张采用事后查明的事实材料作为评价对象的学者,关于事实材料是否要进行一定程度的抽象也存在争议,若对客观事实不予抽象,从事后的角度任何行为都是不具有危险的,若需要对客观事实进行抽象,进行何种程度的抽象又没有统一的标准,导致危险判断的客观事实的范畴不定。①总之,客观说在理论层面上和实践层面上都有问题。

再次,危险判断的材料应同时包含主客观要素。对危险判断材料的确认应该搞清危险判断是事实判断还是价值判断。危险的判断材料从事实层面上指的是裁判者在判断危险时所需要的资料,若从这个层面上理解,直接的判断材料只能是客观的、物理性

①　参见[日]奥村正雄:《不能犯危险之判断》,王昭武译,载何鹏、李洁编:《危险犯与危险犯概念》,吉林大学出版社 2006 年版,第 96 页。

的资料,因为即使是对行为人主观心态的判断也需要依赖于客观事实,行为人主观的内容是抽象的、无形的,无法直接呈现在裁判者面前,只有透过现实的行为、举动以及由行为所带来的外界环境的变化才能窥探行为人主观的心态,如果从这一角度理解危险判断资料,采用事后查明的全部事实作为裁判资料似乎不应该有任何争议。若这一问题如此简单就不至于让无数睿智的学者争论数年,危险判断的资料还可以从危险裁判的对象的角度进行理解,指的是从规范层面上,确定行为是否具有危险性所需要的材料,实质上是划定危险判断所需要的主客观要素的范围。规范的判断与事实判断内容不同,是一种价值评价,规范判断的对象既包括行为人的主观心态也包括行为人的客观行为,于是才有了"一般人认识的事实 + 行为人特别认识的事实"这种主客观因素相结合的判断对象。所以,危险判断资料是纯客观的内容还是主客观要素都包括,最终取决于危险判断到底是事实判断还是价值判断,若将危险判断理解为事实判断,则判断的材料就仅是事后查明的全部事实,若认为危险判断是一种价值判断,则危险判断的材料就要既包括主观内容也包括客观内容。危险犯处罚的实质根据是存在法益侵害的危险,若将危险性理解为是事实判断,意味着只要客观上行为具有导致法益侵害后果的可能性即认定为具有危险,可以作为犯罪处罚,这是结果归责主义,可能会不当扩大刑事处罚的范围,所以危险的判断应该是影响到犯罪成立与否的价值判断,其判断的材料应该既包括主观内容也包括客观内容。

最后,危险判断资料应该以事后查明的客观事实和行为人认识到的事实作为危险判断的资料。通过对现有理论考察发现,无论是"一般人认识 + 行为人特殊认识"的模式,还是事后查明的行为时的全部客观事实的模式,都各自存在优点和弊端。以事后查明全部事实为危险判断材料,在理论层面上欠缺危险判断的主观材料,但在司法适用中因为客观性较强所以表现出绝对性的实践优势;而以行为人主观认识的事实为裁判对象,虽然在理论上保证了危险判断的主客观要素的融合,却在司法适用过程中很难执行,也许正是基于此种原因才创设出一般人认识的事实这一基准,希望能够在一定程度上缓解司法证明的困境。危险判断资料的确定为司法实践中危险的判断奠定基础,不可否认理论研究有其存在的独立价值,但是其主要目的还是为司法实践服务。综合考虑危险判断应该包含的内容以及司法操作的现实可能性,对危险判断资料的界定可以采用客观到主观的思维模式。先根据事后查明的客观事实判断行为是否有导致危害结果发生的可能性,当然这里事后查明的事实需要进行一定程度的抽象,若完全不予抽象行为就不可能存在危险,根据司法裁判者精简的事实,若行为无论如何也不可能导致结果的发生,例如误拿白糖当砒霜这一类方法不能的情况,则危险判断的资料仅需要事后查明的客观事实即可。因为已经确定行为不存在客观危险,行为人主观危险存在与否都没有意义,即使行为人主观上具备极端危险的思想,也不能作为处罚的依据,否则就有主观归罪的嫌疑。当从事实层面上确认行为有导致危害结果发生的可能性,表明行为已经具备客观危险,进一步就需要依据行为人认识到的事实判断行为人的主观危险性存在与否,事后查明的事实未必都是行为人所能认识到的事实。危险判断是一种价值判断,行为人实施的客观上可能导致危害结果发生的行为是否具有规范违反性也属于危险判断应有的内容,因此需要结合行为人认识到的事实对危险进行判断。危险的判断资料的选择采用由客观到主观的思路,一方面由客观到主观的思考方式符合人的正常逻辑思维,①另一方面也能够符合司法高效的要求,若先考察行为人认识的事实,确认行为人主观认识的内容本身就是司法难题,即使认定了行为人主观的危险性,事后查明客观上行为没有任何危险,也不能认定行为的危险性,所以比较而言,采用客观到主观的资料筛选更具合理性。

(二)危险判断时点

从司法程序的角度危险判断的时点只能是事后判断,因为只有行为结束,到司法裁判阶段才会有行为危险的判断,裁判者对行为的评价只能是一种事后评价。但危险判断结论中想要探究的却是行为时危险性是否存在,如果对事后查明的行为时的全部事实不予抽象,根据因果规律得出的结论只能是行为时的行为不具有危险性,于是坚持危险是事后判断的学者提出一种间接判断危险性的方法,即通过科学的判断标准先虚拟出可能会导致结果发生的事实,采用虚拟的事实替代实际发生的事实,再判断虚拟事实发生的可能性。②有学者对这种观点不置可否,认为与其用假定的事实替代真实发生的事实并考察其存在可能性这种曲线救国的方式,不如直接进行事前判断来得更为直接。③还有学者认为危险判断的目的是揭示行为时危险存在与否,即使司法证明发生于行为结束之后,裁判对象也应该是行为时的行为人状态、行为、客观环境等因素,是刑事诉讼程序中对行为时客观事实"再发现"的

---

① 参见周详:《四要件与三阶层犯罪论体系共生论》,载《中外法学》2012年第3期。
② [日]西田典之:《日本刑法总论》,王昭武、刘明祥译,法律出版社2013年版,第277—278页。
③ 参见李洁:《不能犯危险判断》,载何鹏、李洁编:《危险犯与危险犯概念》,吉林大学出版社2006年版,第121页。

过程。①

　　危险的判断时间可以从两个层面进行理解,一方面是危险判断的时点,时间流动具有单向性,危险判断的时间是刑事诉讼程序发生时,就实际发生危险判断的时间而言确实是事后判断;另一方面是判断的危险时点,裁判者想要得到的结论是行为时的危险性存在与否,站在事后的时间点上探究的却是行为时的危险性,从这一角度而言应该是一种事前的判断。一个是作出危险判断时的时点,一个是危险判断行为所处的时间点,这是两个不同层面的问题,无论是具体危险说还是客观危险说都不可否认的事实是:其一,司法机关进行危险判断的时间是在事后;其二,所判断或认定危险的发生时点是行为时,所以在判断时点问题上具体危险说和客观危险说并不存在冲突。②也正因如此,有很多学者在对危险判断的方法进行讨论时,不会将危险判断的时点作为一个单独的要素进行思考,他们认为危险判断时间的选择与危险判断材料选择是不同的问题。虽然具体危险说认为应该以一般人的认识事实和行为人特别认识的事实作事前判断,客观危险说则认为判断材料的选择应该以事后查明的客观事实作为裁判的基底,但两种观点都认为最终需要判断的结论是行为当时,行为是否具有危险性,即危险的判断时点应该是行为时,在这一点上能够达成共识,至于选择何种范围的资料并不影响危险的判断时点。

(三) 危险判断标准

　　危险判断过程中很重要的一个问题就是评判标准的问题,到底应该选择物理的、科学性的法则,还是选择一般人标准,抑或是

————————

　　① 参见李婕:《抽象危险犯研究》,法律出版社 2017 年版,第 145 页。
　　② 参见[日]前田雅英:《刑法总论讲义》,曾文科译,北京大学出版社 2017 年版,第 100 页。

行为人标准?

首先,行为人标准说有明显的缺陷。行为人的标准是指以行为人的知识和经验为衡量标准确认危险的存在与否,即行为人认为自己的行为有危险行为就具有危险性,行为人认为自己的行为不具有危险就没有危险性。这种认定标准存在明显的不公平,行为人对危险的认识程度与其认识能力直接相关,依照行为人认识的标准,认识能力强的人可能被认为危险犯的可能性就更大,而对于认识能力较弱的人,被认定为危险犯的可能性就相对较小,也就是说能力越强责任越大,这违背了刑法中罪刑平等的基本原则。①而且,从程序的角度这种标准根本不具有操作性,行为人一般不会主动承认自己认为行为具有危险性,需要司法机关担举证责任,而危险判断是一种价值判断,司法机关只能依靠行为人的陈述确认其对危险的判断结论,这种标准根本达不到证据确实、充分的程度,最终的认定结论就是所有的行为都不具有危险性。

其次,单一的科学标准说或一般人标准说也都存在不妥。理论上危险判断标准主要是在科学标准和一般人标准之间的争论,危险的科学判断标准是一种纯客观的判断标准,具体是指以全人类现有的经验和知识法则作为确认行为有无危险性的标准,若依据科学的法则行为具有危险性,则司法认定的结论就是行为具有危险性。危险判断的一般人标准是指根据一般人、平均人的知识、经验评判行为的危险性,既不考虑科学的因果定律也不考虑行为人主观的认识。②危险判断采用科学的判断标准是客观危险说的主张,这一标准与客观说始终坚持的"危险判断是事实判断"这一

---

① 参见李林:《危险犯与风险社会刑事法治》,西南财经大学出版社 2012 年版,第 71 页。

② 张明楷:《未遂犯论》,法律出版社、成文堂出版社 1997 年版,第 225 页。

观点具有逻辑上的一贯性。采用科学的危险判断标准就是将行为危险性的判断等同于犯罪因果性的判断，依照此种观点我国刑法中就没有不能犯存在的余地。因为未遂犯的成立以实行行为着手为前提，而实行行为具有产生结果的可能性这是实行行为的必然属性，所以将危险判断等同于因果关系判断，构成未遂犯的行为都应该具有结果发生的现实可能性，不能犯也就没有存在的空间。①而且，危险性的判断是关乎社会规范和社会秩序的价值判断，其目的在于否定具有社会危害性的行为来确认人们正确的行为规范，进而实现法益保护，而不是在追求科学上的精确，危险判断的过程是社会价值层面上的程序，关注的焦点在于事实背后所展现的价值取向。

比较而言，一般人标准说受到更多学者的支持，部分坚持客观危险说的学者在判断标准的问题上也表现得不是很强硬，也认可以一般人标准作为危险的判断标准，不过一般人的判断标准还是存在一些瑕疵被指摘。其一，根据一般人标准进行的危险判断不明确，实际的运用极不稳定。例如用硫磺杀人的案件，依据科学规则此行为不可能具有危险性，但只要一般人认为硫磺能够杀人此行为就会被认定为有危险，行为人就可能要承担故意杀人罪未遂的刑事责任。再如，行为人使用了一般人不知道的化学物质意图谋杀他人，客观上有导致他人死亡结果出现的可能，但因为一般人不认为存在危险也无法认定行为的危险性。其二，采用一般人标准很重要的理由是这一标准表现出一般预防的刑法观，即通过处罚一般人认为具有危险性的行为，能够消除国民的不安感，保证社会的秩序。但问题是一般国民也是透过媒体报道等途径知晓的案

---

① 参见郑军男：《不能未遂犯论争——"客观危险说"批判》，载《法制与社会发展》2002 年第 6 期。

件,导致社会心理动摇的是事后裁剪出的事实而不是行为时的事实,从这一点来看行为时危险性存在与否似乎并不会直接侵犯到国民的安全感,而若不能透过危险判断实现一般预防的目的,那么采用一般人标准说就失去意义。①

最后,科学一般人标准具有合理性。危险的判断不是一个科学的求真过程,而是一个探求行为是好还是坏的价值问题,所以理论上单独采用科学的评判标准对于价值评价所能发挥的作用十分有限,但危险判断的流程是由客观到主观的过程,若在客观事实判断阶段就完全排除了行为的危险性,这种特殊的情形之下采用科学的因果法则就能够完成危险判断的任务,也就可以将科学的因果法则理解为危险判断的标准。若客观上已经确认行为具有危险,就要对行为人认识的事实进行裁判,要综合全案事实对行为的客观危险和行为人的主观危险进行规范性的评价,此时一般人标准说具有一定的合理性。虽然一般人标准被攻击最频繁的问题是其内涵的模糊性,因为一般人的概念过于抽象导致这一标准很难确定,但是实际上一般人标准并未给司法实践带来困扰,将这一标准适用得最为成功的制度就是诉讼程序中的陪审团制度。刑事诉讼中有陪审团制度的国家中具有代表性的是美国,根据美国的法律规定,在刑事诉讼中可能由普通的公民决定被告人的行为是否构成犯罪,即具备一定能力的普通公民作为一般人的代表,根据事后查明的事实材料和行为人的陈述,对行为的危害性进行判断,确认行为的危险性或是危害性。②这里的陪审团制度就是一般人标

---

① 参见[日]松原芳博:《刑法总论重要问题》,王昭武译,中国政法大学出版社 2014 年版,第 257 页。

② Kate H. Nepveu, Beyond "Guilty" or "Not Guilty": Giving Special Verdicts in Criminal Jury Trials, 21 Yale Law & Policy Review,(2003) 263.

准的现实化,这一制度存续了数百年并且一直在适用,这说明经过陪审团审理的案件能够普遍得到社会的认同,整体上保证了民众对法律规范的信任。所以在判断标准这一问题上没有必要对行为人具体指哪些人锱铢必较,只要利用这一标准能够保障刑法的规范性效力,并通过确认的刑法规则引导人民的行为,一般人标准使命也就完成。至于一般人到底是哪些人,以及具体采用何种方式利用行为规范引导国民,都不会影响到一般人标准在危险判断中所起到的作用。科学的判断标准与一般人的判断标准复合起来被称为科学的一般人判断标准,①这一判断标准一方面能排除客观上完全不具有危害性的行为,体现了保障人权的思想,保护行为人不会仅因为主观的危险性而受到刑罚责难,另一方面也考虑到危险判断的价值属性,维护公众对法规范的信赖,保障刑法的规范效力。

(四) 小结

首先,我国刑法理论界危险的判断方法在危险犯中通用。通过相关理论梳理发现在大陆法系国家,危险判断的问题一般会放在未遂犯之下的不能犯中进行讨论。②日本刑法理论中通说观点认为,未遂犯是符合修正的犯罪构成要件的行为,而不能犯是指具有实现犯罪的意思但行为不符合修正的构成要件,两者的区别是未遂犯具有实现构成要件的可能性(危险性)的实行行为,而不能犯中不存在这种实行行为。③根据日本刑法理论的观点,行为危险

---

①　张明楷:《未遂犯论》,法律出版社、成文堂出版社 1997 年版,第 265—266 页。

②　目前已经有中文译本的日本教科书中,基本上都是在未遂犯这一章之下单独设一节不能犯,在不能犯的问题上主要讨论的就是危险判断方法,松原芳博教授的《刑法总论重要问题》、山口厚教授的《刑法总论》以及大谷实教授的《刑法讲义总论》都是按照这一体例编写。

③　[日]大谷实:《刑法讲义总论》,黎宏译,中国人民大学出版社 2008 年版,第 343 页。

的判断对象应当是具有定型性的实行行为,这是因为《日本刑法典》规定刑罚处罚的起点是着手点,也就是说原则上处罚前置化的起点就是未遂犯,预备犯的危险性没有达到刑法介入的程度。我国刑法理论界在研究不能犯时会讨论危险的判断方法,不过在危险犯的研究过程中也会讨论危险的判断方法,而且比较而言,不能犯中危险判断的研究内容与危险犯中危险判断的研究内容毫无差别,这说明在我国刑法理论界,危险的判断方法不仅在区分不能犯与未遂犯时发挥作用,在危险犯的认定过程中也起到关键作用。①而且,我国《刑法》规定中着手点并不是刑罚处罚的起点,预备行为也是刑罚处罚的对象,部分预备行为的危险性达到的刑事处罚的程度,与其他类型的危险犯认定相同,预备行为也要进行危险性判断才能确定其是否属于刑法处罚的对象,预备犯作为危险犯的一种也应适用危险犯中危险的判断方法。

其次,预备犯的危险判断也遵循这一方法。虽然不同类型的危险犯在危险的判断内容上存在一定的差异,以未遂犯和预备犯为例,未遂犯是对法益侵害有具体危险的犯罪,预备犯是对法益侵害有抽象危险的犯罪,两者都属于危险犯,处罚根据相同这一点毋庸置疑,但是从结果发生可能性的角度,预备犯和未遂犯的法益侵害紧迫程度确实不同,即从客观层面上这两种犯罪在危险的程度上有量的差别,而且危险判断过程中涉及行为人主观因素的内容,

---

① 我国当前研究危险犯的著述中基本上都会对危险如何判断这一问题进行讨论,而在危险犯的研究过程中对于危险判断方法讨论往往是以大陆法系刑法理论中主观说、抽象危险说、具体危险说和修正客观危险说的讨论分析为基础,结合我国的刑法理论选择一种学说作为危险判断的方法,例如舒洪水教授的《危险犯研究》、郝艳兵教授的《风险刑法以危险犯为中心的展开》、李婕教授的《抽象危险犯研究》等著作都是这种思路,所以我国刑法理论中危险的判断方法适用于所有的危险犯。

两者也存在一定的差异。然而,无论是具体的危险犯还是抽象的危险犯,都要判断行为人主观是否具有与法敌对的意志,客观上是否有导致结果发生的可能性,危险判断过程中具体内容的差异对于危险判断方法也不会产生影响。

综上,预备犯的危险判断具有特殊性。刑法处罚预备犯的根据在于预备行为的危险性,也就是说,在司法实践中预备行为经过刑事判断被认定为具有危险性的行为,才能成为刑罚处罚的对象,而预备犯与其他危险性相比又有其自身的特质,所以在危险判断过程中也具有特殊性。先要根据事后查明的客观事实对行为的客观危险性进行判断,具体包括两方面的内容:其一,预备行为"可能的危害性大小"或者说行为损害的大小,预备行为不能直接导致法益侵害结果的出现,而是引起法益侵害的危险,预备行为本身的社会危害性就较轻,而刑罚是最严厉的社会治理手段,刑罚处罚的对象要具有严重的社会危害性,所以只有当预备行为引起重大法益侵害的危险时才值得刑法对其进行处罚,若按照预备行为的计划实施后导致的仅能是较轻的法益侵害结果甚至不会导致任何侵害后果,那么预备行为的危险性就认为是较低。其二,还要判断"危害可能性高低"或者说是对行为造成危害的紧迫性程度。因为未遂犯以行为人实行行为着手为前提,着手实行本身就代表着具有造成法益侵害结果的紧迫性,这一点不证自明,但预备行为距离法益侵害结果的出现还间隔一个着手点,所以预备行为是否具有法益侵害的紧迫性是一个需要证明的问题。未遂犯的判断以是否发生法益侵害结果为指向,而预备犯的判断是以是否会导致实行行为的着手为指向,预备行为与法益侵害结果的出现是间接关联,所以预备犯结果危险的判断要更为复杂。一方面若实行行为最终不会导致法益侵害结果出现,意味着实行行为都不具有危险性,预备行为的危险性根本无需评判,所以首先要求实行行为有导致法益侵害后果的可能性;另一方面预备行为直接指向的是实行行为着手,所以还要求预备行为有导致着手实行的可能性。而且,不仅要求预备行为有导致着手实行及法益侵害后果出现的可能性,还要求这种可能性较高,这才能符合紧迫性的要求,否则不能认为预备行为存在刑事上的危险性。随后,在确认行为具有客观危险性的基础上,再综合行为人供述其认识到的事实和客观实际情况,对行为人主观心态进行判断。若依据科学一般人的标准,行为人基于犯罪的故意实施了预备行为,且预备行为对重大法益侵害结果的出现关联性较强,才能认定预备行为具有刑事危险性。

第二节　预备犯的行为类型化

一、预备犯行为类型化的前提

虽然刑法概括性地规定处罚预备行为,但从应然层面上可罚的预备行为应当进行一定的限制,在限制预备行为处罚范围的过程中前置性思考的问题就是何种犯罪的预备行为值得刑罚处罚?结合预备行为的自身特点和刑罚这种处罚方式的特殊性,处罚预备犯的犯罪应当符合两个特征:其一,从可能的危害性大小的角度,因为预备行为不能直接导致法益侵害结果的出现,而是引起法益侵害的危险,预备行为本身的社会危害性就较轻,而刑罚是最严厉的社会治理手段,刑罚处罚的对象要具有严重的社会危害性,所以只有当预备行为引起重大法益侵害的危险时才值得刑法对其进行处罚。其二,从危害可能性高低的角度,应该对预备行为与法益侵害结果的关联性作出限定。美国著名大法官霍姆斯认为判断危险是否达到刑事可罚性,主要考量的因素是危险的紧迫程度、损害的大小和人们可以感受到的恐惧程度。①无独有偶,美国学者范伯格也认为危险的判断由"可能的危害性大小"和"危害可能性高低"两部分构成。②从美国学者对刑事可罚行为的界定来看,无论表达方式采用的是"紧迫性"也好还是"危害可能性"也好,其实表达的意思都是要考察行为与危害结果的关联性,只有行为与危害结果之间存在特定的关联性,对其才有处罚的必要。结合我国刑罚在法律体系中的地位,刑罚处罚应当具有谦抑性,禁止处罚不当罚的行为,所以若行为与危害结果之间的关联性很弱,代表行为导致危害结果发生的可能性相对较小,采用刑事处罚的必要性就较小。结合我国刑法分则的规定,针对不同类型的犯罪从形式上就能确定犯罪预备行为与法益侵害结果之间的关联,所以从形式上就能够排除部分犯罪预备的可罚性。

根据刑法总则规定处罚的预备犯要依附于刑法分则的规定,考虑到刑罚处罚的特殊性,处罚预备行为的犯罪从形式上应该表现一定的特征,主要包括:

(一) 处罚重罪的预备犯

预备行为是为法益侵害准备工具、制造条件的行为,与直接引起法益侵害的实行行为相比较,逻辑上同一罪名的预备行为要比实行行为的社会危害性轻,就社会危害性较轻的犯罪而言,实行行

---

① 〔美〕小奥利弗·温德尔·霍姆斯:《普通法》,冉昊、姚中秋译,中国政法大学出版社 2006 年版,第 60 页。

② 〔美〕乔尔·范伯格:《刑法的道德界限》,方泉译,商务印书馆 2013 年版,第 214 页。

为的危害性都较低,举重以明轻,这类犯罪预备行为的危害性就更是轻微,很可能达不到刑罚处罚的程度,只有社会危害性相对较重犯罪的预备行为才具有严重社会危害性的可能性。换句话说,预备行为可能造成危害性较大时,危险性才能达到刑事处罚的标准,因此区分犯罪的轻重对于预备行为危险性的判断及预备犯处罚范围的界定有重要意义。

1. 轻罪与重罪的划分对象及标准

一些欧美国家的刑法中有重罪与轻罪的划分,例如美国许多州实体法和刑事诉讼法的规定中都有关于重罪、轻罪划分标准的规定,①但我国的刑事法律规范中并没有明确区分重罪与轻罪,这一问题还只限于刑法理论层面的研讨。

首先,理论界对重罪与轻罪的划分对象存在不同理解。理论上现有犯罪可以分为重罪和轻罪,但"轻"和"重"具体指代的内容理论上存在分歧,有学者认为重罪与轻罪指的是犯罪行为的严重程度,而有的学者则认为重罪与轻罪指代的是犯罪性质的不同,或者说轻重罪的划分是对不同罪名的区分。②在欧美国家刑事法律中重罪与轻罪的区分对象可能是罪名,因为其罪名与罪行是统一的,罪行能够代表特定的犯罪构成和法定刑。但是我国分则具体罪名规定中,罪行却并不对应单一的法定刑,例如在诈骗罪的犯罪规定中根据犯罪数额和情节的严重程度不同分为三个法定刑,包括"三年以下有期徒刑、拘役或者管制,并处或者单处罚金""处三年以上十年以下有期徒刑,并处罚金""处十年以上有期徒刑或者无期徒刑,并处罚金或者没收财产",诈骗罪的刑罚轻至单处罚金重至无期徒刑并处没收财产,依据诈骗罪的不同法定刑设置,这一

---

① 储槐植:《美国刑法》,北京大学出版社 2012 年版,第 101—103 页。
② 参见郑丽萍:《轻罪重罪之法定界分》,载《中国法学》2013 年第 2 期。

罪名既可能是重罪也可能是轻罪,所以依据罪名不同并不能确定犯罪是重罪还是轻罪。而罪行却可以作为轻罪和重罪的划分对象,某一犯罪的罪行往往对应特定的犯罪构成和法定刑,也就是说罪行和法定刑之间是一一对应的关系,不同的罪行之间具有可比性。例如危险驾驶的行为与拐骗儿童的行为虽然是侵害不同类犯罪客体的犯罪,但是拐骗儿童行为的法定刑与危险驾驶行为的法定刑相比明显要高,根据刑法中罪刑相适应的基本原则,法定刑重的行为要比法定刑轻的行为社会危害性要高,因此轻罪重罪的比较指的是罪行的比较而不是罪名的比较。

其次,轻重罪的区分标准应当采用分类、分级的方法。目前理论界区分轻罪与重罪的标准有两种,比较常见的区分标准是根据法定刑不同进行区分,但轻重罪法定刑的区分标准具体存在差别。有的学者认为轻罪与重罪的分水岭以3年有期徒刑为宜,理由是根据分则中犯罪的规定中严重犯罪的量刑起点基本上都在3年以上。[1]而有的学者则认为重罪与轻罪的分界线应该是5年有期徒刑,因为我国整个刑罚设置就偏高、偏重。[2]笔者认为轻罪和重罪的划分采用唯一的标准与我国刑事立法规定不一致,我国刑事立法规定中虽然没有对轻罪和重罪下定义,但在相对负刑事责任年龄人承担刑事责任的特定犯罪中,累犯的适用条件和缓刑的适用条件中都暗含着轻罪与重罪的区分,而从法律规定的内容来看轻罪重罪这种区分并非是一成不变的,在不同的语境之下应该有不同的区分标准,所以在明确预备犯处罚范围的语境之下,轻罪与重罪的区分要单独划分。还有一种笼统地区分重罪与轻罪的标准,依据法益类型

---

[1] 王文华:《论刑法中重罪与轻罪的划分》,载《法学评论》2010年第2期。

[2] 卢建平、叶良芳:《重罪轻罪的划分及其意义》,载《法学杂志》2005年第5期。

的不同进行区分,例如危害国家安全和危害公共安全类的犯罪被认为属于重罪,而破坏社会主义市场经济秩序类的犯罪属于轻罪,但危害国家安全犯罪中也有罪名的法定最高刑是有期徒刑,破坏社会主义市场经济秩序类犯罪中却有法定最高刑是无期徒刑的罪名,这种分类标准比较粗糙而且缺陷比较明显,也不宜采用。①

针对哪些犯罪预备行为值得处罚的问题,需要对现有刑法规定中的罪行进行划分,在处罚预备行为的重罪在进行界定时应当考量其目的指向的犯罪所侵害的是何种法益以及其对应的实行行为的社会危害性的严重程度,这两方面共同决定罪行的严重程度,应该结合分则规定具体进行区分。

2. 预备犯构成语境下重罪范畴的具体界定

预备犯的处罚根据是法益保护,因其对重大法益的抽象危险而具有刑事处罚的正当性,换种说法就是,预备行为对重大法益产生威胁时,其行为才创设了法所不允许的风险,在这种语境之下重罪的范畴应当根据法益侵害类型的不同和法定刑设置的不同进行严格限定。

其一,针对侵犯公民个人法益犯罪的重罪界定。公民的个人法益包括人身法益和财产法益,生命的利益是保护其他利益正当的前提条件,所以从法益的位阶来看,人身法益要比财产法益更重要。这种价值位阶的排序与我国的刑事立法发展趋势一致,刑事立法修正案中在大量删减财产犯罪中死刑的规定,这也从侧面体现出人身权利要高于财产权的理念,涉及人身权利的犯罪,相对较低法定刑幅度所对应的罪行的犯罪预备就值得苛处,而侵犯财产犯罪中的法定刑设置较高的犯罪预备才具有刑事处罚的必要。涉

---

① 参见黄开诚:《我国刑法中轻罪与重罪若干问题研究》,载《现代法学》2006年第2期。

及人身类伤害犯罪且刑法分则明文规定法定刑为十年以上有期徒刑的可以考虑处罚预备行为,涉及侵犯个人财产犯罪且刑法分则明文规定为无期徒刑以上的才考虑处罚预备行为。

其二,针对侵犯超个人法益犯罪的重罪界定。超个人法益包括国家法益和社会法益,虽然理论界对刑法保护超个人法益的正当性问题争论不休,但各国的法律规范中都有保护国家法益和个人法益的规定,而且侵犯国家法益犯罪的法定刑设置还很高。自由主义始终是法益概念的核心价值取向,基于自由主义的价值观,个人的权益应当高于国家的权益,国家是为个人而存在而不是个人为了国家而存在,国家法益和社会法益的存在就是为了更好地保证个人的权利和自由。[1]随着人权保护的理念在我国刑事法律规范中逐渐深入,强调个人法益优于国家法益和社会法益,这种理念指导之下在预备行为处罚范围明确的过程中,侵犯个人法益犯罪中仅有罪行极为严重的犯罪才处罚预备行为,侵犯国家法益和社会法益的犯罪要求应该更高,这样才能体现出保障人权的理念,而不是将个人作为维护国家权力的工具,因此侵犯国家法益和社会法益的犯罪刑法分则明文规定法定刑为无期徒刑以上的才可以处罚预备行为。

(二) 处罚实害犯的预备犯

依据行为对犯罪客体造成现实侵害不同,可以分为实害犯和危险犯,实害犯指的是以法益侵害结果作为犯罪成立条件的犯罪,危险犯是以法益侵害危险作为犯罪构成要件,危险犯又分为具体危险犯和抽象危险犯。[2]具体危险犯与抽象危险犯的主观危险和

---

① 贾健:《人类图像与刑法中的超个人法益——以自由主义和社群主义为视角》,载《法制与社会发展》2015 年第 6 期。
② 李洁:《危险犯之危险研究》,载《淮阴师范学院学报(哲学社会科学版)》2004 年第 6 期。

客观危险都存在差异,一方面具体危险犯对法益侵害结果的发生已经有明确的指向,主观法敌对意志坚定且明显,与抽象危险犯相比主观危险性更强;另一方面客观危险的差异是指两者之间的危险程度不同,具体危险犯造成法益侵害结果的可能性更大。从预备犯的构成特征来看,预备行为是为犯罪作准备的行为,客观上对法益侵害结果的发生还不具有高度的危险,所以预备犯应当是一种抽象危险犯。抽象危险犯是打击犯罪的有效武器,只要行为符合法定构成要件的描述就足以认定其构成犯罪,不用证明因果关系避免了证明上的困难,①也正是具备这一特质使得抽象危险犯在风险防控方面贡献颇丰。基于刑法谦抑性的要求,抽象危险犯的范围应当作严格的限制,否则就会不当地扩大刑事处罚范围,进而导致侵害公民自由和人权。预备犯作为抽象危险犯的一种,处罚范围也应当严格限制,从生活经验的角度某种类型化的预备行为转化为实行行为且造成法益侵害结果的可能性很高,预备行为对法益侵害结果发生具有紧迫性,才值得刑法对其进行处罚以预防犯罪。

预备行为与法益侵害后果之间的紧密程度体现出预备行为导致法益侵害后果的可能性,若预备行为与法益侵害后果之间的关联过于遥远,那么对预备行为的处罚并不能预防犯罪保护法益,刑法处罚预备行为就丧失正当性。预备行为与法益侵害后果之间的距离可以分情况讨论:其一,实害犯的预备行为,预备行为与法益侵害后果之间关联比较紧密。为实害犯准备工具、制造条件的行为,有引起法益侵害的抽象危险,按照日常生活经验,预备行为与

---

① 黎宏:《论抽象危险犯危险判断的经验法则之构建与适用——以抽象危险犯立法模式与传统法益侵害说的平衡和协调为目标》,载《政治与法律》2018年第8期。

法益侵害后果之间很可能存在联系,所以预备行为的危害可能性就较高。其二,具体危险犯的预备行为,预备行为与法益侵害结果距离较远,不具有紧迫性。有些犯罪具有特别严重的社会危害性,需要在法益侵害结果出现之前就对其进行处罚,于是刑事立法将本来属于未遂形态危险犯上升为犯罪既遂,反过来说具体危险犯实际上就是与其相对应的实害犯的未遂形态。[1]具体危险犯的预备行为有引起具体危险的抽象危险,而不是具有引起法益侵害的抽象危险,此时预备行为与法益侵害结果之间的关联性过于模糊,预备行为的危险性过低,尚未达到刑事处罚的程度。其三,抽象危险犯的预备行为,距离法益侵害结果出现过于遥远,不宜作为刑事处罚对象。[2]具体危险犯的预备行为造成危害的可能性都很低,抽象危险犯的预备行为与法益侵害后果之间的关联更是薄弱,所以抽象危险犯的预备行为造成危害的可能性也较低。

　　总而言之,实害犯的预备行为危害的可能性较高,在具体案件中有刑事处罚的必要,而危险犯的预备行为所能引起的法益侵害危险过于抽象,造成危害后果的可能性还很小,危险的急迫性尚未达到需要动用刑事处罚的程度。[3]

二、预备行为类型化的路径选择

(一)预备行为立法类型化的弊端

　　刑法理论界对于预备犯适用情况不佳的情况早就有认识,针

---

① 胡东飞:《危险犯应属实害犯的未遂形态》,载《中国刑事法杂志》2001年第4期。

② 参见刘天:《预备行为实行化立法模式之否定——兼议预备罪处罚范围的双重限制路径》,载《北京政法职业学院学报》2020年第2期。

③ 参见冀洋:《危险犯犯罪形态问题研究》,载《江西警察学院学报》2014年第2期。

对这一问题学界提出的修正方案基本上都是从立法的角度对预备犯成立范围进行明确,具体立法修改方式有三种:

其一,刑法总则规定和分则规定相结合的方式立法。郝守才教授认为,预备犯的立法修改应一方面在刑法总则中规定预备犯的处罚范围以分则的特别规定为限,另一方面在刑法分则中对严重犯罪的预备行为进行限制性规定。①欧阳竹筠教授提出可以在总则中规定预备犯的处罚以刑法明文规定为限,在分则中有选择地对预备犯进行规定,可以在刑法分则具体罪名之后规定处罚预备行为,也可以在规定严重犯罪的某一章后规定"本章预备犯的规定,比照相应的既遂犯从轻、减轻处罚"。②其二,预备犯仅由分则具体规定。有学者在 1997 年时就曾大胆地提出删除总则中预备犯的规定,对分则中严重犯罪的预备行为单独规定处罚规则。③梁根林教授也支持这种观点,认为应该彻底废除刑法总则中预备犯的规定,根据预备行为的性质、特点及其可能导致的法益侵犯的严重程度不同,在刑法分则对需要例外处罚的预备行为进行具体规定,简单地说,预备犯的规制应当实现从总则到分则的模式转换。④其三,部分预备行为以未遂犯的方式进行处罚,部分预备行为以单独立法的方式进行规定。高艳东教授认为总则中要对预备犯进行概括性表述,同时根据预备行为的性质不同,若为犯罪制造条件的预备行为能够直接推动犯罪向前发展,表明预备行

---

① 郝守才:《论犯罪预备立法之完善》,载《河南大学学报(社会科学版)》2002年第 6 期。

② 欧阳竹筠:《试论预备犯的处罚》,载《理论月刊》2005 年第 4 期。

③ 李大军、姜伟波:《对预备犯的处罚应在刑法分则中规定》,载《人民检察》1997 年第 3 期。

④ 梁根林:《预备犯普遍处罚原则的困境与突围——〈刑法〉第 22 条的解读与重构》,载《中国法学》2011 年第 2 期。

为的危险性较大,可以直接按照未遂犯处罚,除此之外,特别严重犯罪的纯粹制造条件的预备行为在刑法分则中设置单独的条款进行规定。①劳东燕教授是从可罚起点的角度进行思考,认为应当以"着手"作为可罚性的起点,对于已经造成失控危险的预备行为在分则中单独规定,对于有处罚必要但是不宜单独规定的预备行为,例如杀人、抢劫这一类严重犯罪的预备行为,按照未遂犯处罚。②

　　理论界将明确预备行为处罚范围的希望寄托于刑事立法,根据我国刑事立法发展现状,刑法分则中处罚预备行为的立法规定在逐渐增加,刑事立法的趋势与理论界的建议方向一致。预备行为处罚范围模糊的原因是类型化、定型性的缺失,在理论上看来这是立法规定不明确导致的,所以通过修正刑事法律规范的方式明确预备行为的处罚范围看上去似乎是最有效、最直接的解决途径,但仔细评估预备行为的立法修正,也存在一些缺陷:

　　第一,将预备行为处罚范围封闭化,导致刑事司法的僵化。目前理论界三种预备犯立法修正方案的共同之处是都要在规范层面上消除预备犯,仅依靠分则中实行行为的规定对为犯罪准备工具、制造条件的行为进行处罚。虽然有学者形式上同意保留刑法总则的规定,但总则的规定也是为分则服务,最终预备行为处罚的法律依据还是分则中具体罪名的规定。理论界和实务界都致力于通过立法方式明确预备行为构成犯罪的构成要件,这是因为我国刑事立法和司法实践中对罪刑法定原则理解得过于僵化而且有偏执的

---

① 高艳东:《规范学视野中预备行为可罚性的反思与重构》,载《现代法学》2005年第1期。
② 参见劳东燕:《论实行的着手与不法的成立根据》,载《中外法学》2011年第6期。

追求,司法机关对法条规定唯命是从,在这样的刑法理念之下刑法修正案的新增罪名在不断增加,司法机关的裁量空间被立法规定消解。①

实际上,立法者在刑法制定过程中对预备犯应当由分则规定还是由总则规定的问题就有过深入的思考,《刑法教学座谈会的报告》中曾对1979年刑法制定过程中预备犯的立法缘由进行过描述:"对于预备犯原拟采取分则具体规定的办法,但经过研究,考虑到根据犯罪主客观相一致的原则认定犯罪,预备犯的规定过于详细、具体会导致执行的困难,束缚审判机关的权力行使,所以最终采用总则概括性的规定处罚原则,分则中不予具体规定。"②刑事立法之初就认识到预备犯的规定不宜过于详细,一方面预备行为的表现形态是多种多样的,为犯罪实施作准备的行为很难被统一,将犯罪构成要件完全固定,一旦出现新类型的预备行为司法机关就无法作出回应;另一方面预备行为的规定过于固定可能引发刑事处罚的不公平,法益侵害危险较为严重的预备行为因为分则之中没有具体规定,司法机关无法对其进行处罚,反而是一些法益侵害性较轻的预备行为因为能够从立法规定中找到处罚依据而被处罚。立法者基于罪刑法定的要求在不断地明确犯罪构成要件,但罪刑法定的明确性要求是一种相对的明确性而不是绝对的明确性,否则就会陷入教条主义的误区,当前的刑事立法和司法观念中过度依赖立法规定的思想应当有所转变,应该提倡一种相对开放的构成要件和实用主义的刑法观。③

---

① 参见刘艳红:《开放的犯罪构成要件理论之提倡》,载《环球法律评论》2003年第3期。

② 参见徐逸仁:《故意犯罪阶段形态论》,复旦大学出版社1992年版,第62页。

③ 参见刘艳红:《刑法类型化概念与法治国原则之哲理——兼论开放的构成要件之存在根据》,载《比较法研究》2003年第3期。

因此,保留总则中预备犯的规定与分则预备犯的规定形成前后呼应,保证刑法规范的前后一致性,同时总则中预备犯的规定是开放性构成要件的规定,给予司法机关一定的自由裁量空间,这对于处罚纷繁复杂的预备行为,尤其是风险社会之下危害性不定的预备行为而言,具有一定的优越性。

第二,通过刑事立法的方式明确犯罪预备的处罚范围缺乏实现可能性。当前刑法中对预备行为的界定是"准备工具、制造条件"的行为,为犯罪"准备工具"的行为属于客观行为特征的限定,这种预备行为的范畴相对明确。但是"制造条件"这种规定就不属于叙述性规定,判断某一行为是否在为犯罪制造条件取决于裁判者的理解,这一规定之下预备行为的范围就相对宽泛,为犯罪排除障碍的行为、提前练习犯罪技能的行为、为实施犯罪进行资料搜集等行为都可以被认定是为了犯罪制造条件的预备行为,[①]甚至为犯罪准备工具的行为都属于为犯罪制造条件的行为,所以制造条件型预备行为的表现形式很多样。若按照理论界的立法修正建议,总则中的预备犯规定要么删除,要么作为僵尸条款存在,将预备行为处罚的规定全部交由分则规定,这对我国刑事法律规定来说将会是一次翻天覆地的变化。

若我国预备行为立法规定学习日本刑法中形式预备犯的规定,在具体罪名之后单独预备行为的处罚,如日本刑法中规定:"为犯113条、108条、109条第一项,实施预备行为的,应处两年以下惩役。但根据情节,可以免除刑罚。"这种概括性的规定根本没有将预备行为具体类型化,这与通过总则概括性地规定预备犯相比较并没有进步多少,只是明确了处罚预备行为的罪名,具体哪些类

---

① 参见刘炯:《犯罪预备行为类型化研究》,载《中国刑事法杂志》2011年第10期。

型的犯罪预备行为要处罚还是要依赖于司法机关的判断。而若采用学者极力提倡的所谓"预备行为实行化"的立法修改模式对应处罚的预备行为进行明确,理论上这列举的方式确实可以将预备行为具体化、类型化,但是分则规定的内容是有限的,将所有犯罪预备行为都规定在刑法分则是不可能完成的任务。例如对于故意杀人罪预备行为的规定,难道对于为杀人买刀的行为和买毒药的行为都要分别规定?通过刑法分则规定独立罪名处罚预备行为是一个"看上去很美"的方案,实际上要么与现有预备犯规定无异,要么根本欠缺实现的可能性。

第三,刑事立法过程中立法技术不成熟,导致法律规定存在缺陷。每次新增刑事立法规定总是交杂着支持与反对的声音,刑事立法变更的初衷是明确预备行为的处罚范围,但理想与现实之间总是存在落差,由于语言文字的局限性和立法技术不成熟,刑事立法修改也会带来一些问题。例如《刑法修正案(九)》中新增非法利用信息网络罪,将网络犯罪的预备行为具体化,不再是抽象的"为犯罪行为准备工具、制造条件"的行为,而是明确地规定对"设立网站、通讯组"以及"发布违法信息"等这些特殊的预备行为需要处罚,这点是值得肯定的。①但是在此罪的法律表述中,出现了"等违法犯罪活动"和"其他违法犯罪信息"这样的表述,这意味着从字面意思上理解,此罪处罚的对象不仅包括犯罪行为的预备行为,还包括违法行为的预备行为。这一法律规定存在明显的缺陷:其一,我国的法律规范体系中"违法行为"与"犯罪行为"是两个不同的概念,刑法只对犯罪行为规定刑罚处罚,违法行为本身的严重程度尚未到刑罚处罚的要求,而违法行为的预备行为却要被刑法规定

---

① 参见车浩:《刑事立法的法教义学反思——基于〈刑法修正案(九)〉的分析》,载《法学》2015 年第 10 期。

为实行犯处罚？这显然不合逻辑。其二，虽然根据总则规定预备
行为原则上都应处罚，在司法实践中处罚预备犯的现象却鲜有发
生。①我国司法实践中处罚犯罪行为的预备犯都是例外，现在却要
处罚违法行为的预备行为？这明显与司法实践的现状相悖。原本
是为了明确预备行为的处罚范围而在分则中单独规定，但这种立
法规定反而给司法实践带来了分歧和困惑，并没有实现明确刑事
处罚范围的目标。

第四，预备行为立法类型化导致法益批判机能的丧失。首先，
预备行为单独规定的前提是法益保护的稀薄化。传统的法益观念
之下，法益的存在是为了限制国家权力保障个人权利，从这一角度
法益指的是可能受到侵害或威胁的个人权利，体现出一种人本主
义的立场。随着社会对刑事立法规范需求变大，法益概念的外延
也在不断扩大，由传统的个人权益的保护上升到集体法益的保护，
曾经法益保护关注于个人的人身、财产权益，现在除了关注与个人
相关的权益以外，生态利益、国家安全以及社会秩序等抽象的法益
都被纳入刑法保护的范畴，从当前刑事立法趋势来看，法益保护前
置化的趋势非常明显，而实质预备犯的规定就是法益保护前置化
实现的方式之一。②结合我国刑事立法规定的现实情况，预备行为
单独规定实际上是实行行为的范围前置化，也就是刑罚处罚前置

---

① 参见黎宏：《论"帮助信息网络犯罪活动罪"的性质及其适用》，载《法律适用》2017 年第 21 期。

② 理论界根据法益内涵的不同对其进行分类，包括"一元论"认为法益指的仅是人的权益；"缓和的一元论"认为法益始终以人的权益为核心，集体法益都能够还原为个人权益；"二元论"认为现代社会的法益既包括个人法益也包括超个人法益，集体法益有独立存在的价值。目前为止持保守的一元论的学者已经很少，因为一元论所包含的法益内容过于局限，犯罪圈狭窄不利于打击犯罪，比如针对恐怖主义犯罪、贪污犯罪这种已经被社会所接受的犯罪，在一元论的理论之下都会被排斥在刑事处罚之外。而缓和的一元论也好还是二元论也罢，至少都认可刑法应当保护集体法益。

化的表现,虽然刑法处罚前置化仅着眼于行为的扩充,与法益保护前置化相比存在一定的差异,但这两者之间是手段和目的的关系,即法益保护前置化是刑事处罚前置化的目的所在,而刑罚处罚前置化是法益保护前置化的实现方式,基于此,预备行为立法类型化就是实现法益保护前置化的方式之一。在厘清这两者关系的前提下,从刑事立法的逻辑顺序来看,应该是先确定有值得保护的法益,后通过某种方式实现法益保护的目的,因此法益保护的稀薄化是预备行为立法类型化的前提。然而,法益抽象化、稀薄化会破坏法益的批判机能。正如许迺曼教授所言:"曾经刑法可以而且必须作为社会治理的最后手段,这种思想一直存在,然而今天这种思想要发生变化,刑法现在是一种有效实现法益保护的工具。"①原本法益概念起到的是一种消极限制功能,即存在需要保护的实质、实体法益,刑法的发动只能是为了法益保护,此时法益能够发挥批判机能有效限制刑事处罚的范围。但现在法益的概念更多是作为刑法价值载体的形象出现,刑事立法者认为有需要保护的法益,通过设立刑事立法规定以保护法益,这种方法论层面上的法益概念已经挣脱了实质、实体性法益的要求,更多是作为解释刑罚规范的意义上存在,而丧失体系性的批判机能。②同时,传统法益的语境之下,限制立法的恣意性是法益的首要机能,也就是说法益应当是限制国家权力的利器,而法益内容逐步空洞化将会削弱国家权力的约束,直接导致刑罚处罚范围的不当扩张,容易违反刑法谦抑性的思想,妨碍刑法人权保障功能

① 参见[德]许迺曼:《从下层阶级刑法到上层阶级刑法——在道德要求中一种具示范作用的转变》,陈志辉译,《法治国刑事立法与司法——洪增福律师八十五寿辰祝贺论文集》,成阳股份印刷有限公司 1999 年版,第 115 页。

② [日]关哲夫:《现代社会中法益论的课题》,王充译,载《刑法论丛》2007 年第 2 期。

的发挥。①甚至有学者认为法益处罚前置化是对法益概念的消解，认为这样的法益侵害说不过是换了一种说法的规范违反。②因此，一再通过立法手段将预备行为类型化，扩张实质预备犯的规定使得刑法法益保护抽象化、稀薄化的趋势越来越明显，从长远发展来看，这种立法扩张是对法益批判机能的逐步瓦解，也是对国家刑罚权的渐变式松绑，造成最终结果是刑罚权的过度扩张和人权保障机能的失灵。

（二）预备行为司法类型化的优势

无论是通过立法途径还是司法途径都能够将应罚的预备行为类型化，明确预备犯的处罚范围，为刑事司法裁判提供标准和依据，但是综合考虑来看利用司法途径明确预备犯的处罚范围更具优越性。

其一，从经济效益角度考量司法途径能够节约成本。为了明确预备犯的处罚范围，无论刑事立法还是司法都是力图将应处罚的预备行为类型化，若选择刑事立法的途径主要是以刑法修正案的方式增加相关罪名的规定，在这一过程中要投入大量的人力、物力和财力，具体包括调查资料、征求意见等准备活动所付出的经费，立法者付出的智力成本等，除此之外还要经历繁杂而冗长的立法程序，才能将预备行为类型化、固定化。③相比较而言，采用刑事司法手段将预备行为类型化主要方式是制定司法解释或是公布指导性案例，经历的程序相对简单，投入的成本也相

---

① 韩瑞丽：《刑法法益的精神化倾向及其限定原则》，载《郑州大学学报（哲学社会科学版）》2011 年第 6 期。

② 参见［日］中山敬一：《刑法总论》，日本成文堂 1999 年版，第 46 页。

③ 参见蒋小燕：《刑事立法效益原则的经济性解读》，载《云南大学学报（法学版）》2007 年第 6 期。

对低一些,但司法手段也能够实现预备行为类型化的目的。从结果的角度看,采用刑事立法还是司法手段并没有区别,两者都能实现预备行为类型化的目的,但从社会治理经济性的角度考量,在能够实现规范预备行为的目的之下,尽量要选择投入成本更低的方法,这才是一种合理的社会资源配置。而且刑法的任务是打击犯罪,主要针对的是具有重大危险性的行为,但即使是构成犯罪的预备行为,与其他犯罪行为相比社会危害性明显较低,通过大量的刑事立法将预备行为类型化实际上是对资源的一种浪费,应该将更多的刑事法律资源应用到社会危害性更大的犯罪。

其二,司法途径实现预备行为类型化更全面。相比较而言,采用立法手段将预备行为类型化要受到更多的限制,一是将所有犯罪预备逐一列举在刑法分则之中不现实,在分则中过多设置预备行为类型化的规定也未必能够明确预备犯的处罚范围,反而可能给预备行为的处罚带来更多的分歧,例如分则中实质预备犯的预备行为是否还能被刑事处罚就会产生争议,而且刑事法律规定过多也会被扣上重刑主义、侵犯人权的帽子。二是刑事立法的增加对立法技术的要求较高,立法技术不够成熟就会导致法律规范不严谨,进而导致预备行为的处罚范围被不当扩大或限缩。三是刑事立法的频繁变动会削弱刑法的稳定性、权威性。所以实质预备犯的增加总是小心翼翼,必然不会大范围地将预备行为类型化。反倒是司法途径将预备行为类型化的空间更大,近些年来针对个罪或是特定类型犯罪的司法解释层出不穷,发布的指导性案例的数量也不少,这些规范性文件在刑事审判中发挥了重要的作用,通过司法手段可以将大量的预备行为类型化,又不会破坏刑事立法的稳定性和权威性。

其三,预备行为类型化的经验来看采用司法手段效果更佳。针对预备行为类型化的问题,刑事立法和司法都已经作出回应,例如刑法修正案增加了数个处罚预备行为的罪名,司法解释中也有对犯罪预备的规定。对比刑事立法规定和司法解释的适用情况发现,《关于办理组织、利用邪教组织破坏法律实施等刑事案件适用法律若干问题的解释》中关于犯罪预备的司法解释在实践中被应用的几率很高,组织、利用邪教组织破坏法律实施罪预备犯的处罚中有80%都是依据司法解释的规定。而刑事立法规定的几种犯罪罪名,例如准备实施恐怖活动罪、拒不履行信息网络安全管理义务罪等罪名的司法适用情况并不理想,导致这种情况的原因可能是立法者的逻辑思路是应当将社会危害性最严重的预备行为通过立法的方式单独规定出来,但是有些预备行为在司法实践中出现的频率并不高,而司法解释针对的是实践中经常出现的犯罪预备行为,对一行为是否应当以预备犯论处是实践中的常见困惑,所以如果通过司法手段将预备行为类型化能够把矛头直指现实中存在的问题,相应就能够取得更为良好的司法效果。

大陆法系国家通常采用刑事立法的方式将预备行为类型化,这是因为大陆法系国家以处罚预备犯为例外,在刑法总则规定中没有预备犯的规定,采用分则单独规定是唯一的选择。而在"宜粗不宜细"的指导思想之下构建起来的我国刑事立法规定,反而体现出一定的优越性,我国刑法总则中已经存在预备犯的规定,赋予司法机关处罚预备犯的权力,这就保证在风险社会之下面对刑事处罚前置化的要求,司法机关有权将处罚范围扩张到犯罪预备阶段而不需要依赖于刑事立法的变更,就社会治理的效率而言,司法途径比立法途径更具优越性,在明确犯罪处罚范围的问题上,只有在司法手段无法应对犯罪时或采用司法手段会违反罪刑法定原则时才会选择扩大刑事立法。①以刑法总则中预备犯的规定为基础,通过司法途径将预备行为类型化,这是明确预备犯处罚范围最理想的方式。

三、预备行为司法类型化的具体实现方式

预备犯处罚范围模糊归因于构成犯罪的预备行为缺乏定型性和类型化,为了解决这一问题,尽量将预备行为类型化、定型化才能保证预备犯处罚范围的明确性,除了通过修改刑事立法的方式将应当处罚的预备行为类型化,通过司法途径也能将需要处罚的预备行为类型化。结合我国的司法情况,将预备行为类型化的方式主要有两种。

(一)司法解释的方式类型化

通过司法解释将预备行为类型化。首先从法律效力的角度,司法解释可以成为刑事裁判的依据,对各级人民法院的判决有约束力。司法解释原本是指法官在具体案件的审理过程中,对相关法律问题作出的解释,是法官在个案中行使司法权的过程。但在我国的法律背景之下司法解释有特殊的涵义,是指最高人民法院、最高人民检察院针对法律适用过程中或是检察活动中所存在的普遍性的法律问题而作出的一般性、规范性的解释。②最高人民法院和最高人民检察院的司法解释权在法律规定中有所体现,2018 年修正的《人民法院组织法》、1981 年全国人大常委会颁布的《关于加强法律解释工作的决议》以及 2006 年全国人大常委会通过的《各级人民代表大会常务委员会监督法》中有对最高人民法院和最

---

① 参见张明楷:《网络时代的刑事立法》,载《法律科学(西北政法大学学报)》2017 年第 3 期。

② 参见胡岩:《司法解释的前生后世》,载《政法论坛》2015 年第 3 期。

高人民检察院针对司法实践中遇到的问题享有司法解释权的相关
规定。①理论界和司法实务界均承认司法解释的效力,认为最高人
民法院在其权限范围之内作的解释对各级人民法院的审判具有约
束力,是审判工作中所要遵循的法律依据。②而且 2007 年出台的
《最高人民法院关于司法解释工作的规定》中肯定司法解释的效力
同时,还要求作为裁判依据引用的司法解释应当体现在法律文
书中。

其次,司法解释在我国司法实践中发挥重要作用。1997 年刑
法修订后司法解释文件的数量越来越多,颁布的频率越来越快,③
一方面司法解释能够填充刑事立法规定中的留白,在我国的刑法
规定中类似于"情节严重""情节恶劣""重大损失"这种犯罪定量因
素的表述很常见,这些定量因素的规定具有一定的模糊性和不确
定性。为了能够使犯罪的成立条件更为明确,尽量保证案件审理
标准的统一和刑事处罚的公平性,司法机关通常会制定对应的司
法解释对这些定量因素进行具体化阐明,这种立法和司法相结合
的定罪机制已经在我国的刑事司法实践中成为一种常态。另一方
面司法解释能够灵活地回应社会对刑法的需求。近些年来新型法
益逐渐增多,犯罪行为方式也更加多样,尤其是在网络犯罪之中,

---

①　《人民法院组织法》第十八条规定:"最高人民法院可以对属于审判工作中
具体应用法律的问题进行解释。最高人民法院可以发布指导性案例。"《关于加强
法律解释工作的决议》中规定:"凡属于法院审判工作中具体应用法律、法令的问
题,由最高人民法院进行解释。凡属于检察院检察工作中具体应用法律、法令的问
题,由最高人民检察院进行解释。最高人民法院和最高人民检察院的解释如果有
原则性的分歧,报请全国人民代表大会常务委员会解释或决定。"《各级人民代表大
会常务委员会监督法》第三十一条:"最高人民法院、最高人民检察院作出的属于审
判、检察工作中具体应用法律的解释,应当自公布之日起三十日内报全国人民代表
大会常务委员会备案。"

②　黄松有:《中国现代民事审判权论》,法律出版社 2003 年版,第 173 页。

③　张明楷:《简评近年来的刑事司法解释》,载《清华法学》2014 年第 1 期。

全部依靠立法回应社会对刑法的需求会破坏法律的稳定性,利用司法解释"短平快"的特征应对实践中的法律问题更具有合理性,甚至在网络犯罪中已经形成一种逻辑错位的立法、司法互动,即通过司法解释先行探索,再从司法实践中总结经验进行立法确认。①司法解释针对的是司法实践中的普遍性问题,且是根据司法经验作出的解释,更贴合司法实践的需要,同时司法解释能够灵活地应对司法实践中存在的法律适用困境,发现、并补足刑事立法的不足,保证刑事审判的公平性和合理性。

最后,通过司法解释的方法将预备行为类型化的实例已经存在,2017 年最高人民法院、最高人民检察院颁布的《关于办理组织、利用邪教组织破坏法律实施等刑事案件适用法律若干问题的解释》中第 5 条第 2 款规定:"邪教宣传品不是行为人制作,尚未传播的,以犯罪预备处理。"暂且不讨论这一规定的合理性,单从形式上来看这一规定是将司法实践中常出现的一种犯罪预备行为通过司法解释的方式提炼出来,将其规定为刑法应处罚的犯罪预备行为类型,从当前的司法适用现状来看这一规定得到良好的执行,这说明采用司法解释将预备行为类型化能够在司法实践中发挥效力,能够明确应处罚的预备行为类型并进一步确定处罚范围。

(二)指导性案例的方式类型化

首先,指导性案例已经成为刑事司法裁判说理的依据。2005 年最高人民法院发布的《人民法院第二个改革纲要》中提出:"建立和完善案例指导制度,重视指导性案例在统一法律适用标准、指导下级法院审判工作、丰富和发展法学理论等方面的作用。"从 2011 年最高人民法院发布第 1 批指导性案例截至 2020 年 1 月,最高人

---

① 参见于志刚、吴尚聪:《我国网络犯罪发展及其立法、司法、理论应对的历史梳理》,载《政治与法律》2018 年第 1 期。

民法院已经发布了 24 批指导性案例,从形式上来看我国案例指导制度已经初步形成。指导性案例的内容主要包括裁判要点、相关法条、基本案情、裁判结果和裁判理由,其中裁判要点是指导性案例的精髓所在。裁判要点是在对裁判理由的总结和精炼的基础上形成的,甚至有时直接摘录相关内容,主要是对法律适用规则和事实认定规则的阐释,同时也提出一些具有指导意义的裁判理念和方法。①根据 2010 年最高人民法院颁布的《关于案例指导工作的规定》,各级人民法院在审理类似的案件时"应当"参照最高人民法院的指导性案例,虽然法院内部之间不像检察院上下级之间存在领导关系,但法院上下级之间是监督关系,所以最高人民法院发布的指导性案例,在法院系统内部具有一定的约束力。而且 2015 年最高人民法院颁布的《〈关于案例指导工作的规定〉实施细则》中也明确指出指导性案例应当作为案件裁判的理由出现,为指导性案例的援引提供了依据。虽然基于罪刑法定的要求,刑事审判中指导性案例不能作为正式的法律渊源存在,无法成为刑事裁判的依据,但可以作为裁判理由中的论据。②总而言之,我国的案例指导制度能够起到指导刑事裁判的作用。

其次,案例指导制度是法院系统内部统一审判规则的良性互动过程。指导性案例是最高人民法院从基层人民法院的判决中遴选出的具有代表性的文书,在此基础上提炼、整理出具有指导性意义的裁判规则和方法。案例指导制度有诸多优点:一是指导性案例来源于基层司法结构的审判成果,代表着司法实践中所面临的

---

① 胡云腾、吴光侠:《指导性案例的体例与编写》,载《人民法院报》2012 年 4 月 11 日第 8 版。

② 参见付玉明、汪萨日乃:《刑事指导性案例的效力证成与司法适用——以最高人民法院的刑事指导性案例为分析进路》,载《法学》2018 年第 9 期。

共性问题,这些问题不是理论上臆造出来的而是现实法律适用过程中遇到的真问题,对这类问题提出指导性意见能够切实解决司法实践中的困难;二是案例指导制度是将抽象的法律规范约束转化为具体的实务技术要求,为案件的公平审判提供更具体、直接的参照标准;三是案例指导制度是基层司法经验反馈给最高人民法院,最高人民法院为下级人民法院案件审理提供指导,这样能够保证法院系统内部案件审理标准的统一,对相同行为类型的认定能够统一。①

最后,案例指导制度能够实现预备行为类型化的效果。现有的指导性案例中,裁判要点的主要内容包括解释法条,基本事实归类,对程序规定和量刑、行刑的指导,以及对刑事政策的展示。②其中基本事实的归类就是对某一行为是否属于某种特定法律概念指导,所以可以选取司法实践中处罚预备行为的典型案件作为指导性案例,确定某种特定的行为应被论以犯罪预备处罚,在之后的司法审判中遇到相同类型的行为,各级法院在司法认定时就会参照指导性案例的裁判理由和裁判要点将这类行为认定为预备行为,进而实现预备行为的类型化。

---

① 参见林维:《刑事案例指导制度:价值、困境与完善》,载《中外法学》2013 年第 3 期。

② 参见陈兴良主编:《中国案例指导制度研究》,北京大学出版社 2014 年版,第 134 页。

结　　论

　　我国刑法总则中预备犯的规定曾经饱受批评,理论界认为总则中预备犯的规定过于笼统,容易导致刑法处罚范围不当扩张侵犯公民的人权。同时通说观点认为预备犯总则的规定体现出普遍处罚的原则,这与预备犯限制性处罚的主流趋势不一致,而且普遍处罚原则与我国刑法中的犯罪概念相违背,在司法实践中也无法实现。总而言之,我国总则预备犯的规定需要修正,应该借鉴大陆法系国家预备犯的刑事立法规定,在分则中将应当处罚的预备行为单独规定,从而保证预备犯处罚范围的明确性。这里存在两个问题,其一,将预备犯的立法规定理解为普遍处罚这种通说观点产生于特殊的立法背景之下,这种理解在当前社会环境之下已经过时,而从我国刑法总则预备犯刑事立法规定的字面理解中并不能得出预备犯普遍处罚的涵义,所以预备犯普遍处罚原则是一种理论上的理解误区而不是立法规定的缺陷。其二,我国刑法分则中也有处罚犯罪预备行为的规定,刑法总则中预备犯的规定类似于兜底条款,理论界对兜底条款的评价褒贬不一,有的学者担心兜底条款会衍生出口袋罪,模糊性的法律规定为犯罪圈的不当扩张提供依据,而有的学者却认为兜底条款在及时应对和处理复杂的社会问题时表现出一定的优越性。①面对科技风险和制度风险,各国不约而同地将刑法处罚前置化,在总则中没有规定预备犯可罚性的国家,只能通过在分则之中单独规定处罚预备犯,这种积极的刑事立法模式使得刑法不再是社会治理的最终手段,反而成为风险防控的优先手段,容易导致象征性立法,对传统刑法中法益限制刑法处罚的功能提出挑战,动摇刑事立法的权威性。②法律规范的评价具有相对性,在风险社会亟需刑法回应的背景之下,我国总则中预备犯的规定反而体现出一定的优越性,因为总则中概括性地赋予犯罪预备行为的可罚性,可以通过司法手段明确具体的处罚范围,而不用再通过大量的立法规定将预备犯的处罚正当化。通过司法手段明确预备犯的处罚范围,节约了成本、简化了程序、缩短了回应社会需要的时间,是合理划定预备犯处罚范围行之有效的方法。

根据预备犯司法适用现状总结发现,适用预备犯规定的罪名虽多但分布得不均匀,目前大部分案件主要集中于 20 个左右的罪名之中,将需要刑法处罚的预备行为类型化不是仅存在于纸面上的幻想,而具有实现的可能性。预备行为类型化的具体步骤是:第一步,对近 3 年或 5 年某一罪名处罚预备犯的案件进行总结,从这些案件中归纳出已被刑罚处罚的犯罪预备行为的类型,例如为了犯罪购买凶器的行为、为了犯罪纠集人员的行为等。第二步,对当前刑罚处罚的预备行为的合理性进行检讨,结合预备犯危险判断标准的要求,基于犯罪故意实施的预备行为,可能侵害的是重大法益,且具有法益侵害的紧迫性才值得刑罚处罚。这一阶段可以筛

---

① 王安异:《对刑法兜底条款的解释》,载《环球法律评论》2016 年第 5 期。

② 古承宗:《刑法的象征化与规制理性》,元照出版有限公司 2017 年版,第 222—225 页。

除社会危害性较低的预备行为,是对预备行为的实质判断,确定可罚的预备行为的范畴。第三步,通过司法解释或指导性案例将可罚的预备行为类型化,为司法实践提供裁判规则。司法解释和指导性案例在我国司法实践中所发挥的效果有目共睹,立法规定不可避免地具有一定局限性,司法解释能够将立法中不明确的部分填充完整,同时也能够对法律规定本身作出政策性诠释,将刑事政策转化为司法政策,在我国现有的司法解释中这两种功能发挥得淋漓尽致,已取得良好的法律效果。①当预备犯的刑事立法规定不明确时,可以结合社会需要在司法解释中明确预备犯的处罚范围。案例指导制度是近些年来发展起来的司法制度,案例指导相比司法解释提供了更为具体的司法裁判规则,选取处罚预备犯的典型案例作为指导性案例,案件中涉及的犯罪预备行为就成为预备犯处罚的行为类型,也就为预备犯的司法认定提供依据。另外,司法解释和指导性案例将预备行为类型化能够排除一些犯罪预备行为的可罚性,限缩预备犯的处罚范围,例如司法解释要求共同犯罪中得有准备工具的行为才能认定为预备犯,单纯的约定或共谋行为不宜认定为预备犯。但司法的类型化不是一劳永逸的方法,随着社会发展需要可能会出现新型的犯罪预备需要处罚,这些行为也可以通过这一流程纳入预备犯的处罚范围中,所以司法的类型化是相对地明确预备犯的处罚范围而不是绝对地确定预备犯的处罚范围。

预备犯处罚范围的明确能够保证司法实践中预备犯处罚的正当性,摆脱预备犯处罚无章可循的状态,同时,基于社会需要将刑罚处罚前置化时,可以依照总则中预备犯的规定对预备行为进行处罚,而无需通过刑事立法另行规定,保证刑法的谦抑性和权威性。

---

① 李翔:《论刑事司法政策司法解释过度化的弊端及其反思》,载《法治研究》2014 年第 8 期。

参 考 文 献

一、中 文 文 献

(一) 专著类

1. 陈兴良:《规范刑法学》,中国人民大学出版社 2017 年版。

2. 陈兴良:《本体刑法学》,中国人民大学出版社 2017 年版。

3. 陈兴良主编:《中国案例指导制度研究》,北京大学出版社 2014 年版。

4. 储槐植、江溯:《美国刑法》,北京大学出版社 2012 年版。

5. 邓子滨:《中国实质刑法观批判》,法律出版社 2017 年版。

6. 董泽史:《危险犯研究:以当代刑法的转型为导向》,社会科学文献出版社 2015 年版。

7. 高铭暄、王作富主编:《刑法总论》,中国人民大学出版社 1990 年版。

8. 古承宗:《刑法的象征化与规制理性》,台湾元照出版有限公司 2017 年版。

9. 黄荣坚:《基础刑法学》,中国人民大学出版社 2009 年版。

10. 郝艳兵：《风险刑法：以危险犯为中心的展开》，中国政法大学出版社 2012 年版。

11. 姜伟：《犯罪形态通论》，法律出版社 1994 年版。

12. 李晓龙：《刑法保护前置化研究：现象观察与教义分析》，厦门大学出版社 2018 年版。

13. 李海东：《刑法原理入门》，法律出版社 1998 年版。

14. 梁根林：《刑事法网：扩张与限缩》，法律出版社 2005 年版。

15. 罗大华、何为民：《犯罪心理学》，中国政法大学出版社 2007 年版。

16. 李立众：《犯罪未完成形态适用》，中国人民公安大学出版社 2012 年版。

17. 刘士心：《刑法中的行为理论研究》，人民出版社 2012 年版。

18. 劳东燕：《风险社会中的刑法》，北京大学出版社 2015 年版。

19. 李婕：《抽象危险犯研究》，法律出版社 2017 年版。

20. 米良：《越南刑法典》，中国公安大学出版社 2005 年版。

21. 马克昌主编：《近代西方刑法学说史》，中国人民公安大学出版社 2008 年版。

22. 钱叶六：《犯罪实行行为着手研究》，中国人民公安大学出版社 2009 年版。

23. 苏力：《制度是如何形成的》，北京大学出版社 2007 年版。

24. 舒洪水：《危险犯研究》，法律出版社 2009 年版。

25. 徐逸仁：《故意犯罪阶段形态论》，复旦大学出版社 1992 年版。

26. 肖中华：《犯罪构成及其关系》，中国人民大学出版社 2000

年版。

27. 鲜铁可:《新刑法中的危险犯》,中国检察出版社 1998年版。

28. 邢志人:《犯罪预备研究》,中国检察出版社 2001 年版。

29. 许玉秀:《主观与客观之间——主观理论与客观归责》,法律出版社 2008 年版。

30. 许健:《犯罪预备行为处罚限度研究》,中国公安大学出版社 2015 年版。

31. 许恒达:《法益保护与行为刑法》,台湾元照出版有限公司2016 年版。

32. 谢望原:《网络犯罪与安全》,法律出版社 2017 年版。

33. 喻海松:《网络犯罪二十讲》,法律出版社 2018 年版。

34. 赵秉志主编:《刑法修改研究综述》,中国人民公安大学出版社 1990 年版。

35. 赵秉志主编:《犯罪总论问题探索》,法律出版社 2003年版。

36. 张明楷:《未遂犯论》,法律出版社 1997 年版。

37. 张明楷:《刑法的基本立场》,商务印书馆 2019 年版。

38. 张明楷:《法益初论》,中国政法大学出版社 2003 年版。

39. 张明楷:《刑法分则的解释原理》,中国人民大学出版社2014 年版。

40. 张明楷:《刑法学》,法律出版社 2016 年版。

41. 张明楷:《外国刑法纲要》,法律出版社 2020 年版。

42. 张旭:《犯罪学要论》,法律出版社 2003 年版。

43. 郑军男:《不能未遂犯研究》,中国检察出版社 2005 年版。

44. 周光权:《行为无价值论的中国展开》,法律出版社 2015

年版。

45.周铭川:《风险刑法理论研究》,上海人民出版社 2017 年版。

（二）论文集

1.戴玉忠、刘明祥:《刑罚改革问题研究》,中国人民公安大学出版社 2013 年版。

2.何鹏、李洁:《危险犯与危险概念》,吉林大学出版社 2006 年版。

3.赵秉志、莫洪宪、齐文远主编:《中国刑法改革与使用研究》,中国人民公安大学 2016 年版。

（三）连续出版物中的析出文献

1.陈兴良:《罪刑法定的当代命运》,《法学研究》1996 年第 2 期。

2.陈兴良:《刑法谦抑的价值蕴含》,《现代法学》1996 年第 3 期。

3.陈兴良:《未完成犯罪研究》,《政法论坛》2000 年第 2 期。

4.陈兴良:《刑法各论的理论建构》,《北方法学》2007 年第 1 期。

5.陈兴良:《客观未遂论的滥觞——一个学术史的考察》,《法学家》2011 年第 4 期。

6.陈兴良:《风险刑法理论的法教义学批判》,《中外法学》2014 年第 1 期。

7.储槐植、张永红:《刑法第 13 条但书的价值蕴涵》,《江苏警官学院学报》2003 年第 2 期。

8.陈璇:《修正的犯罪构成理论之否定》,《法商研究》2007 年第 4 期。

9. 陈璇:《客观的未遂犯处罚根据论之提倡》,《法学研究》2011年第2期。

10. 陈家林:《为我国现行不能犯理论辩护》,《法律科学(西北政法大学学报)》2008年第4期。

11. 陈洪兵:《双层社会背景下的刑法解释》,《法学论坛》2019年第2期。

12. 蔡仙:《论我国预备犯处罚范围之限制——以犯罪类型的限制为落脚点》,《刑事法评论》2014年第1期。

13. 杜宇:《刑法学上"类型观"的生成与展开:以构成要件理论的发展为脉络》,《复旦学报(社会科学版)》2010年第5期。

14. [意]弗朗西斯科·维加诺:《意大利反恐斗争与预备行为犯罪化——一个批判性反思》,吴沈括译,《法学评论》2015年第5期。

15. 冯文杰:《法益抽象化、精神化问题的中国型塑》,《北京理工大学学报(社会科学版)》2020年第4期。

16. 郝守才:《论犯罪预备立法之完善》,《河南大学学报(社会科学版)》2002年第6期。

17. 胡陆生:《犯罪预备立法及概念之比较》,《安徽警官职业学院学报》2003年第1期。

18. 胡岩:《司法解释的前生后世》,《政法论坛》2015年第5期。

19. [日]关哲夫:《现代社会中法益论的课题》,王充译,《刑法论丛》2007年第2期。

20. 高艳东:《规范学视野中预备行为可罚性的反思与重构》,《现代法学》2005年第1期。

21. 吴沈括:《扩张中的犯罪预备及参与形式》,《四川警察学院学报》2010年第4期。

22.吴亚可:《我国可罚预备行为的立法规定方式检讨——可罚预备行为正犯化之提倡》,《刑法论丛》2018年第2期。

23.何荣功:《论实行行为的概念构造与机能》,《当代法学》2008年第3期。

24.[德]克劳斯·罗克辛:《刑法的任务不是法益保护吗?》,樊文译,《刑事法评论》2006年第2期。

25.刘炯:《犯罪预备行为类型化研究》,《中国刑事法杂志》2011年第10期。

26.柳忠卫:《刑事政策视野中犯罪未完成形态立法模式的理性建构》,《法学家》2012年第3期。

27.梁根林:《预备犯普遍处罚原则的困境与突围——〈刑法〉第22条的解读与重构》,《中国法学》2011年第2期。

28.梁根林:《传统犯罪网络化:归责障碍、刑法应对与教义限缩》,《法学》2017年第2期。

29.刘艳红:《象征性立法对刑法功能的损害——二十年来中国刑事立法总评》,《政治与法律》2017年第3期。

30.刘艳红:《开放的犯罪构成要件理论之提倡》,《环球法律评论》2003年第3期。

31.劳东燕:《论实行的着手与不法的成立根据》,《清华法学》2011年第4期。

32.劳东燕:《刑法中客观主义与主观主义之争的初步考察》,《南京师大学报(社会科学版)》2013年第1期。

33.劳东燕:《风险社会与功能主义的刑法立法观》,《法学评论》2017年第6期。

34.卢建平:《治理现代化视野下刑事政策重述》,《社会科学战线》2015 年第 9 期。

35. 李凤梅：《预备犯可罚性的反思与重构：以刑法拟制的视角》，《北京师范大学学报（社会科学版）》2015 年第 3 期。

36. 刘宪权：《刑事立法应力戒情绪——以〈刑法修正案（九）〉为视角》，《法学评论》2016 年第 1 期。

37. 李梁：《预备犯立法模式之研究》，《法学》2016 年第 3 期。

38. 刘天：《预备行为实行化立法模式之否定——兼议预备罪处罚范围的双重限制路径》，《北京政法职业学院学报》2020 年第 2 期。

39. 马克昌：《预备犯比较研究》，《中央检察官管理学院学报》1993 年第 1 期。

40. 马克昌：《我国刑法也应以谦抑为原则》，《云南大学学报（法学版）》2008 年第 5 期。

41. 马春晓：《现代刑法的法益观：法益二元论的提倡》，《环球法律评论》2019 年第 6 期。

42. 马荣春、兖光辉：《刑法类型化的规范功能与刑法价值功能》，《时代法学》2020 年第 3 期。

43. 闵春雷：《刑事诉讼中的程序性证明》，《法学研究》2008 年第 5 期。

44. 南连伟：《风险刑法理论的批判与反思》，《法学研究》2012 年第 4 期。

45. ［日］桥爪隆：《论实行行为的意义》，王昭武译，《苏州大学学报（法学版）》2018 年第 2 期。

46. 彭文华：《完结的犯罪构成与不完结的犯罪构成之提倡》，《湘潭师范学院学报（社会科学版）》2009 年第 4 期。

47. 苏力：《解释的难题：对几种法律文本解释方法的追问》，

《中国社会科学》1997 年第 4 期。

48. 孙燕山:《犯罪构成问题再探讨》,《法律科学(西北政法学院学报)》1997 年第 6 期。

49. 苏彩霞、齐文远:《我国危险犯理论通说质疑》,《环球法律评论》2006 年第 3 期。

50. 舒洪水、张晶:《近现代法益理论的发展及其功能化解读》,《中国刑事法杂志》2010 年第 9 期。

51. 舒洪水、许健:《预备犯的处罚根据》,《云南大学学报法学版》2011 年第 1 期。

52. 申柳华:《德国刑法计算机犯罪修正案研究》,《北航法律评论》2013 年第 1 期。

53. 孙万怀:《违法相对性理论的崩溃——对刑法前置化立法倾向的一种批评》,《政治与法律》2016 年第 3 期。

54. 商浩文:《预备行为实行化的罪名体系与司法限缩》,《法学评论》2017 年第 6 期。

55. 童德华:《国外现代刑法学中主、客观主义源流论》,《浙江社会科学》2001 年第 3 期。

56. 田宏杰:《行政犯的法律属性及其责任——兼及定罪机制的重构》,《法学家》2013 年第 3 期。

57. 〔德〕托马斯·魏根特:《刑法未遂理论在德国的发展》,樊文译,《法学家》2006 年第 4 期。

58. 王充:《问题类型划分方法视野下的犯罪概念研究》,《中国人民大学学报》2012 年第 3 期。

59. 王充:《犯罪构成理论与犯罪事实认定关系考察》,《法律科学(西北政法大学学报)》2020 年第 1 期。

60. 王志祥、曾粤兴:《修正的犯罪构成理论之辨正》,《法商研究》2003 年第 1 期。

61. 王志祥、黄云波:《论立法定量模式下抽象危险犯处罚之司法正当性》,《法律科学(西北政法大学学报)》2016 年第 3 期。

62. 王永茜:《论现代刑法扩张的新手段——法益保护的提前化和刑事处罚的前置化》,《法学杂志》2013 年第 6 期。

63. 王姝、陈通:《我国刑法对法益保护前置化问题研究》,《刑法论丛》2017 年第 3 期。

64. 徐逸仁:《对"故意犯罪阶段"的再认识》,《法学研究》1984 年第 5 期。

65. 萧宏宜:《未遂犯的处罚依据及其影响》,《东海大学法学研究》2015 年第 4 期。

66. 杨红:《试论预备犯罪刑事责任基础》,《东方论坛》1998 年第 2 期。

67. 杨解君、周佑勇:《行政违法与行政犯罪的相异和衔接关系分析》,《中国法学》1999 年第 1 期。

68. 阎二鹏:《预备行为实行化的法教义学审视与重构——基于〈中华人民共和国刑法修正案(九)〉的思考》,《法商研究》2016 年第 5 期。

69. 张明楷:《犯罪预备中的"为了犯罪"》,《法学杂志》1998 年第 1 期。

70. 张明楷:《刑法解释理念》,《国家检察官学院学报》2008 年第 6 期。

71. 张明楷:《"风险社会"若干刑法理论问题反思》,《法商研究》2011 年第 5 期。

72. 张明楷:《明确性原则在刑事司法中的贯彻》,《吉林大学社会科学学报》2015 年第 4 期。

73. 张明楷:《网络时代的刑事立法》,《法律科学(西北政法大学学报)》2017 年第 3 期。

74. 赵秉志:《论犯罪实行行为着手的含义》,《东方法学》2008 年第 1 期。

75. 郑泽善:《法秩序的统一性与违法的相对性》,《甘肃政法学院学报》2011 年第 4 期。

76. 郑延谱:《预备犯处罚界限论》,《中国法学》2014 年第 4 期。

77. 张志钢:《德国未遂理论的流变及其启示》,《环球法律评论》2016 年第 3 期。

78. 郑丽萍:《轻罪重罪之法定界分》,《中国法学》2013 年第 2 期。

79. 郑军男:《不能未遂犯论争——"客观危险说"批判》,《法制与社会发展》2002 年第 6 期。

(四) 译著

1. A.H.特拉伊宁:《犯罪构成的一般学说》,薛秉忠等译,中国人民大学出版社 1953 年版。

2. 〔英〕边沁:《立法理论——刑法典原理》,李贵方等译,中国人民公安大学出版社 1993 年版。

3. 〔意〕贝卡利亚:《论犯罪与刑罚》,黄风译,商务印书馆 2018 年版。

4. 〔日〕大谷实:《刑法总论》,黎宏译,中国人民大学出版社 2008 年版。

5. 黄风译著:《最新意大利刑法典》,法律出版社 2007 年版。

6. 〔德〕汉斯·海因里希·耶塞克、托马斯·魏根特:《德国刑法教科书》,徐久生译,中国法制出版社 2017 年版。

7.[英]霍布斯:《利维坦》,吴克峰译,北京出版社 2008 年版。

8.[法]古斯塔夫·勒庞:《乌合之众》,陈剑译,译林出版社 2016 年版。

9.[德]卡尔·拉伦茨:《法学方法论》,陈爱娥译,商务印书馆 2003 年版。

10.[德]克劳斯·罗克辛:《德国刑法学总论(第 1 卷)》,王世洲译,法律出版社 2005 年版。

11.[韩]李在祥:《韩国刑法总论》,韩相敦译,中国人民大学出版社 2005 年版。

12.[德]李斯特:《德国刑法教科书》,徐久生译,法律出版社 2006 年版。

13.[美]理查德·A.波斯纳:《法律的经济分析》,蒋兆康译,中国大百科全书出版社 1997 年版。

14.[法]孟德斯鸠:《论法的精神》,张雁深译,商务印书馆 1982 年版。

15.[法]马克·安塞尔:《新刑法理论》,卢建平译,香港天地图书有限公司 1990 年版。

16.[美]乔尔·范伯格:《刑法的道德界限》,方泉译,商务印书馆 2013 年版。

17.[俄]伊诺加莫娃·海格主编:《俄罗斯联邦刑法》,黄芳、刘阳、冯坤译,中国人民大学出版社 2010 年版。

18.[日]山口厚:《刑法总论》,付立庆译,中国人民大学出版社 2018 年版。

19.[日]松原芳博:《刑法总论重要问题》,王昭武译,中国政法大学出版社 2014 年版。

20.[德]乌尔里希·贝克:《世界风险社会》,吴英姿、孙淑敏译,南京大学出版社 2004 年版。

21.［德］乌尔里希·齐白:《全球风险社会与信息社会中的刑法》,周遵友、江溯等译,中国法律出版社 2012 年版。

22.［德］乌尔里希·贝克:《风险社会》,张文杰、何博闻译,译林出版社 2018 年版。

23.［日］西原春夫:《犯罪实行行为论》,戴波等译,北京大学出版社 2006 年版。

24.［日］西田典之:《刑法总论》,刘明祥、王昭武译,中国人民大学出版社 2007 年版。

25.［美］小奥利弗·温德尔·霍姆斯:《普通法》,冉昊、姚中秋译,中国政法大学出版社 2006 年版。

26.［日］伊东研祐:《法益概念史研究》,秦一禾,中国人民大学出版社 2014 年版。

27.［日］曾根威彦:《刑法学基础》,黎宏译,法律出版社 2005 年版。

28.［日］佐伯仁志:《刑法总论的思之道·乐之道》,于佳佳译,中国政法大学出版社 2017 年版。

二、外 文 文 献

(一) 著作类

1. Alexander，Larry and Ferzan，Kimberly K. and Morse，Stephen J. *Crime and culpability：a theory of criminal law*，Cambridge：Cambridge University Press，2009.

2. Moore，Michael S. *Acts and Crime：The Philosophy of Action and its Implications for Criminal Law*，Oxford：Oxford University Press，2010.

3. Reed, Alan and Bohlander, Michael. *Participation in crime: Domestic and comparative perspectives*, Aldershot: Ashgate Publishing Ltd, 2014.

4. Yaffe, Gideon. *Attempts: In the Philosophy of Action and the Criminal Law*, Oxford: Oxford University Press, 2011.

(二) 外文期刊或文集中析出文献

1. Couzigou, Irene. "The Criminalization of Online Terrorism Preparatory Acts Under International Law", *Studies in Conflict & Terrorism*, (2019)1.

2. Erzan, Kimberly K. "Preventive Justice and the Presumption of Innocence", 8 *Crim Law and Philos*, (2014)505.

3. Fusilier, Marcelline and Penrod, Charline. "e-Crime Prevention: An Investigation of the Preparation of e-Commerce Professionals." 8[:1—2] *Journal of Internet Commerce*, (2009)2.

4. Johnson, Phillip. E. "The unnecessary crime of conspiracy", 61[:5] *California Law Review*, (1973)1137.

5. McCulloch, Jude and Pickering, Sharon. "Pre-Crime and Counter-Terrorism: Imagining Future Crime in the 'War on Terror'", 49[:5] *The British Journal of Criminology*, (2009)628.

6. Ohana, Daniel. "Responding to Acts Preparatory to the Commission of a Crime: Criminalization or Prevention", 25[:2] *Criminal Justice Ethics*, (2006)23.

7. Ohana, Daniel. "Desert and Punishment for Acts Preparatory to the Commission of a Crime", 20[:1] *Canadian Journal of Law and Jurisprudence*, (2007)113.

8. Oxley, Leo. "When Does Preparation for Crime Become a

Criminal Attempt?", 25[:2] *Kentucky Law Journal*, (1944)207.

9. Rimo, Alberto A. "Is Prevention Better than Cure? The Ever-increasing Criminalisation of Acts Preparatory to an Offence in Spain", 9[:2] *International Journal for Crime, Justice and Social Democracy*, (2020)1.

10. Van Wijck, Peter. "The economics of pre-crime interventions", 35 [:3] *European Journal of Law and Economics*, (2013)441.

后　记

犯罪预备行为的处罚范围看似是个老生常谈的问题，但实际上在刑法学界却鲜少有人问津。近些年在积极刑法观的语境之下，作为刑事处罚扩张的典型表现，预备行为刑事处罚问题受到较多的关注，但终究不过是刑事处罚范围扩大议题中的一个小点缀，针对犯罪预备行为处罚范围的专项研究依然处于边缘化。经历了十几年的法学教育，有幸受到多位优秀教师的点拨和鼓励，追求理论创新性的信念已经根植心中，于是选择这一当前理论研究稍显单薄的领域，期待能有一点点新的理论研究成果。而且，我始终关注刑法理论研究的前沿热点问题，刑罚处罚的前置化已是大势所趋，未来，理论界和实务界都会将重心放在对"危险犯"的研究上，因此选择犯罪预备行为处罚范围进行研究也是跟随刑事理论发展方向，希望能够为刑事理论的发展尽自己的绵薄之力。

预备犯处罚范围的界定本就是传统刑法理论的难题，对才疏学浅的我而言，选择这一课题进行研究多少有些不自量力，但凭借着无知者无畏的勇气还是选择迎难而上，只是在研究的过程中给我的博士导师王充教授和硕士导师郑军男教授带来很多麻烦。我要诚挚地感谢我的博士生导师王充教授,无论何时,当我有学术方面的困惑向老师求助时,老师都会迅速作出回应,为我解答疑惑,本书是在王充老师数十次 30 分钟以上的电话指导和多次面见指正中形成的。我还要感谢我的硕士老师郑军男教授,郑老师在大陆刑法理论研究领域颇有建树,我在预备犯概念以及处罚依据等问题上多次向他求教,郑老师都会为我耐心解惑。在吉林大学法学院刑法学教研组多位老师的帮助之下,我才能艰难完成本书,在此一并感谢各位的指导与帮助!

感谢关心、帮助过我的亲人朋友,特别是要感谢我的父母,他们总是无条件地支持我、爱护我,竭尽所能地为我创造良好的学习环境和生活环境,如果我能有一丝一毫的小成就,我都得感谢我的家庭,谢谢你们!

董璞玉

2022 年 10 月上海徐汇

图书在版编目(CIP)数据

我国预备犯处罚范围之限制/蒋传光主编;董璞玉
著.—上海:上海人民出版社,2023
ISBN 978-7-208-18035-2

Ⅰ.①我… Ⅱ.①蒋… ②董… Ⅲ.①刑事犯罪-处
罚-研究-中国 Ⅳ.①D924.114

中国版本图书馆 CIP 数据核字(2022)第 211061 号

责任编辑 史尚华
封面设计 一本好书

我国预备犯处罚范围之限制
蒋传光 主编
董璞玉 著

出　　版　上海人民出版社
　　　　　（201101　上海市闵行区号景路 159 弄 C 座）
发　　行　上海人民出版社发行中心
印　　刷　上海商务联西印刷有限公司
开　　本　635×965　1/16
印　　张　15
插　　页　3
字　　数　170,000
版　　次　2023 年 5 月第 1 版
印　　次　2023 年 5 月第 1 次印刷
ISBN 978-7-208-18035-2/D·4038
定　　价　65.00 元